Europes

Europes

Jacques Réda

translated and with an introduction by
Aaron Prevots

HOST PUBLICATIONS
AUSTIN, TX

Host Publications, Inc. 277 Broadway, Suite 210, New York, NY 10007

Layout and Design:	Joe Bratcher & Anand Ramaswamy
Cover & Inside Images:	Małgorzata Maj
Jacket Design:	Anand Ramaswamy

First Edition

Library of Congress Cataloging-in-Publication Data

Réda, Jacques, 1929-
[Europes. English & French]
Europes / by Jacques Réda ; translated and with an introduction by Aaron
Prevots.
    p. cm.
ISBN-13: 978-0-924047-70-1 (pbk. : alk. paper)
ISBN-10: 0-924047-70-4 (pbk. : alk. paper)
1. Réda, Jacques, 1929---Travel--Europe. 2. Authors, French--21st century--
Travel--Europe. 3. Europe--Description and travel. I. Prevots, Aaron. II. Title.
PQ2678.E28Z463 2009
848'.91403--dc22
                                        2008045283

Table of Contents

Suisse / Switzerland

Villégiature en altitude modeste
Holiday at Modest Altitude

Allemagne / Germany

Scandinavie / Scandinavia

France / France

Introduction

> I've asked my train's track and hour,
> But have I understood the answer? I listen
> To what's said around me, don't fathom
> A word, except the two-voiced recitative
> Of an austerely veiled mother and baby child.
> (Turkish, German, Chinese, it's a single repertory
> I've known by heart since prehistory
> But compelling, absorbing, assimilative).

> — Jacques Réda,
> "From Stuttgart"

With the irreverence of a Mark Twain and the imaginative turns of a Borges or Pessoa, Jacques Réda grabs our interest in *Europes* by introducing idiosyncracies of all sorts and reflecting on them in uplifting ways. If he is so well known as a writer, it is in part because he subverts expectations and tries to let places and events in our surroundings speak for themselves, as in this

"Postcard" from Germany where listening to the interplay of voices along a train station platform serves as a humbling, meditative, "assimilative" exercise. What do we usually expect from a travelogue, and what do we look for when passing through countries other than our own? *Europes* offers personalized glimpses of all manner of wanderings, along with Réda's inimitable flair for detail, digression and synthesis that breathes new life into this literary form.

Indeed, Réda is in many respects synonymous with travel and with transcribing all manner of related sensations. Since the late 1960s this French poet, essayist, and jazz and literary critic has published over twenty books in which exploring landscapes and cityscapes figures strongly. His modus operandi, however, is not so much to sum up places he has seen as to remain alert to moments rich in meaning, to make connections that strike a chord across his own and others' works, and to delight in the act of description so that the reader likewise becomes immersed in activity. Moreover, excursions to distant locations by no means take on greater importance than outings on foot, light motorbike or bicycle, for instance to a city park or the local corner store. Among his many works, currently available in English are *The Ruins of Paris, Treading Lightly: Selected Poems 1961-1975, Return to Calm, Thirteen Songs of Dark Love* and *Suburban Beauty. Europes* is the first full-length bilingual edition that highlights the agile, seemingly effortless alternation between poetry and prose that has characterized much of Réda's career. In France, the depth and breadth of his vision, as well as his fluid style and deft touch, have won him important honors, such as the *Prix Valery Larbaud* (1983), the *Grand Prix de l'Académie Française* (1993) and the *Prix Louis Mandin* (2005), all three awarded in recognition of his lifetime's achievements. French-language readers have been able to enjoy a steady stream of works

appearing over the last few years, including *Autobiographie du jazz* [*Autobiography of Jazz*] (Climats, 2002), *Ponts flottants* [*Floating Bridges*] (Gallimard, 2006), *Toutes sortes de gens* [*All Sorts of People*] (Fata Morgana, 2007) and *Démêlés* [*Disputes*] (Gallimard, 2008).

As with his other forays into travel writing, *Europes* implicates us in a process of discovery, as near-participants in small but captivating scenes. In a variety of tones, ranging from fascination with the world's undercurrent of movement to hints of melancholy at feeling at times out of sync, Réda contemplates what lies under the surface in each place, with close attention paid to the secret life of beings and things and their interrelationships. Réda refers to himself as these travel recollections' "translator" and, accordingly, experiments with structure and style in order to better capture distinct moods. He emphasizes what the traveler can absorb from surroundings on the one hand, and, on the other, how experience itself carries us forward. The common thread is a "personal folklore" that strives to ascertain what binds us to the world and vice-versa. To borrow a phrase from his prefatory comments in *Return to Calm*, Réda's poetic approach to prose "illuminates an inner space" while also shedding light on specifics from one country to the next.

In "Tram 28 (Lisbon)," for example, we are quickly energized by the tram's clamberings and quiverings yet at the same time sensitized to time and space expanding as we look out through the glass panes. As the famous tram arcs through the old city and up and down along hilly terrain, we already start to notice that *Europes* will be part personal diary, part obsession with understanding the intensity of all that passes by. "Love in Bologna" mixes the sensual and the sacred more overtly, while texts such as "Le Bionet" and "Anxiety in Helsingborg" make clear that harmonious communion can hardly be guaranteed. Humor frequently surfaces, as in the

several passages on France, and occasionally a more mythical yet still intimate dimension takes center stage, as in "Arroz y Luna" or "Cows," the latter with its closing evocation of an "impassive russet cow, heavy, meditative, that observes me and includes me in its metamorphosis of the surrounding world into milk." In this singular grouping of places urban and rural, each text breathes with a rhythm distinct to the site that created it, ideally in such a way that the reader internalizes this rhythm and more ably visualizes the latest phase of an ongoing journey. We take pleasure both in observing and in being observed, in grasping what it means to gaze and wonder and in noticing possible transformations through our attentiveness. If a kind of "metamorphosis" takes place, it need not be confined to bucolic pastures and may in fact occur, as in "A Paris Crossing," through the city's figurative embrace.

In short, at the risk of reducing *Europes* to a single city visited, one could mentally bookmark this endearing travelogue in the same space reserved for the gift offered by the musician's young daughter in "From Tübingen": as an "ingenuous present" to keep in one's pocket, in order to welcome graceful ways of giving thanks.

Aaron Prevots
Southwestern University
Georgetown, Texas

Ayant plusieurs folklores intimes et, dans mon parler natif, usant de divers dialectes, je peux me croire un parfait Européen : aucun oukase n'imposera une unité de façade à ma petite confédération. Je ne me sens jamais plus français que lorsque je voyage, et c'est pourquoi, de retour en France, je me sais un peu plus Allemand, Italien, Espagnol, Scandinave, Suisse, Portugais, provincial de Paris ou Parisien de banlieue. Bilingue à tout le moins, j'ai traduit en prose et en vers quelques-uns de ces souvenirs d'étape.

Ces pages sont affectueusement dédiées au Dr. Friedhelm Kemp, exemplaire citoyen de mes Europes.

— Jacques Réda

Having several personal folklores and using various dialects in my native speech, I feel entitled to believe I'm a perfect European: no arbitrary edict will impose an appearance of unity upon my small confederation. I never feel more French than when traveling, and that's why upon my return to France I know I'm a bit more German, Italian, Spanish, Scandinavian, Swiss, Portuguese, provincial from Paris or suburban Parisian. At the very least bilingual, I've translated into prose and verse a few of these recollections of places at which I stopped.

These pages are affectionately dedicated to Dr. Friedhelm Kemp, an exemplary citizen of my Europes.

— Jacques Réda

Europes

Portugal / Portugal

Au tram 28 (Lisbonne)

Tout d'un coup tous les carreaux vibrent dans leur encadrement de bois. C'est le même frisson qui passe à la descente, à la montée, au moment où il faut modifier l'intensité du courant. D'un quart de tour à droite ou à gauche, le bras du gros vieux mécanisme repart comme celui d'un moulin à café bloqué. Puis, sans doute parce qu'on aperçoit en même temps un triangle étincelant de la Mer de Paille, on pense à quelque fruste et solide appareil de navigation. Mais l'appel au flux d'énergie, ou le même geste inversant la course du bras pour le refouler (encore que sa poignée en boule suppose l'exercice d'une vraie poigne), un enfant s'en tirerait, et rien ne l'inquiéterait dans le soupir qui les accompagne en sourdine. Dieu sait pourtant ce que sa concentration dans un registre aigu, maîtrisé, réduit à ce qu'on prendrait pour un bref bourdonnement d'oreille, exprime en fait de puissance phénoménale captée à même les sources de l'univers, et comme à seule fin de gouverner les évolutions de cette boîte. C'est le chant ultrasonique de la Fée Électricité, celle qu'a vénérée et célébrée le XIXe siècle, et qui a gardé pour nous les traits des jeunes reines de ce temps, inaugurant en crinoline des expositions d'éclairs et d'étincelles. Certes, l'électricité ne vieillit pas (du moins je le suppose), mais ses modes de production et d'emploi ont changé au

Tram 28 (Lisbon)

All of a sudden all the glass panes vibrate in their wood frame. It's the same quiver that occurs going down, going up, at the moment the current's intensity gets modified. With a quarter twist to the right or left, the big old mechanism's arm takes off again like a coffee mill unblocked. Then, doubtless because at the same time one sees a glittering triangle of the Straw Sea, one thinks of some crude, sturdy navigation device. But the appeal to the flow of energy, or the same movement inversing the arm's stroke to reverse it (even though its ball-shaped handle implies the use of a real hand), a child could manage it, and nothing would be troubling in the sigh that quietly accompanies the machinery's gestures. God knows though what its concentration in a register at once high-pitched, controlled, reduced to what one might take for a brief ringing in the ears, expresses in terms of phenomenal power harnessed straight from the universe's sources, and as if for the sole end of governing this box's motion. It's the ultrasonic song of the Fairy Electricity, she whom the 19th century venerated and celebrated, and who kept for us the features of the young queens of the time, inaugurating in crinoline colorful exhibitions of sparks and flashes. Certainly electricity doesn't age (or so I imagine), but its modes of production and use have changed to the point of

point de bannir toute représentation allégorique. Si bien que la survivance d'un matériel datant de dames voilées de tulle, cuirassées de corsets, laisse en dépit de tout l'illusion que le boîtier s'alimente à un réservoir inépuisable de watts millésimes. Et le passé se réactualise dans les longues avenues plates, perpendiculaires où, bien dense, bien carrée au ras du sol entre sa perche ondulante et les rails creux, la masse de chaque petit tram circule avec la légèreté d'un souffle, attaquant ensuite sur un soupir d'aise un peu vindicative les pentes et virages d'Alfama. Physiquement alors on ressent tout le poids de ce matériel triompher de l'attraction et de sa propre inertie. Jamais, qu'il s'abandonne ou qu'il s'arrache, il ne s'autorise plus que le strict minimum indispensable pour maintenir uniforme l'allure en somme philosophique de sa progression. Pas de folies (d'exaltation de vitesse dévastatrice comme à Prague), pas de panique dans le ralentissement. Et l'on se demande si tant de mesure – parfois une volonté de rester juste au-delà d'une limite définie par l'immobile – n'expose pas le véhicule à une sorte de lassitude qui, sans notable transition, le ferait passer de ce prudent dynamisme, à la fois nécessaire et suffisant, juste en dessous de cette limite où la pesanteur aspirante, qui présentement s'essouffle, espère. Mais il ne fléchit pas. Et plonge, gravit, tourne, redévale, regrimpe, obstiné, régulier sans automatisme dans son mouvement, au prix d'une détermination vivante dont témoigne le frisson unanime de ses carreaux. Il arbore avec modestie la seule couleur splendide convenant à la dignité de sa fonction : le jaune. Du reste fréquent, donc rarement en surcharge, et l'on peut choisir son banc de bois, s'y étaler sur deux ou trois places, éprouver de tout son corps la façon dont le stable, souple roulement s'y transforme en force mécanique tour à tour centripète et centrifuge. Ainsi, au hasard d'un parcours presque berceur, des échappées s'échappent, reviennent : tout un morceau de la ville renverse d'un côté le château de cartes de ses toits ; de l'autre, la mer saute comme une

banishing allegorical representations. So much so that the survival of equipment dating from ladies veiled in tulle, armored with corsets, nonetheless maintains the illusion that the housing feeds off an inexhaustible reservoir of vintage watts.

And the past is updated in the long flat avenues, perpendicular where, quite dense, quite square level with the ground between its undulating pole and the hollow rails, the mass of each small tram circulates with a breath's lightness, attacking thereafter with a somewhat vindictive sigh of pleasure Alfama's slopes and curves. Physically, intensely, one feels all this equipment's weight triumphing over gravity's pull and its own inertia. It never, whether giving itself over or tearing itself away, allows itself more than the strict minimum indispensable to uniformly maintaining the in sum philosophical speed of its progression. No flights of fancy (no devastating exalted pace like in Prague), no panic in slowing down. And one wonders if so much moderation – at times a wish to stay just beyond a limit defined by immobility – doesn't expose the vehicle to a kind of lassitude which, without any notable transition, would make it go from this prudent dynamism, at once necessary and sufficient, to just below the limit where the vacuum of gravity, now winded, awaits. But it doesn't yield. And plunges, climbs, turns, hurtles back down, clambers back up, obstinate, regular without seeming automatic, at the cost of a lively determination to which the unanimous quiver of its glass panes bears witness. It modestly displays the one splendid color appropriate to the dignity of its function: yellow. Moreover frequent, thus rarely in excess, and one can choose one's wooden bench, stretch out there on two or three seats, feel with one's whole body the way in which the stable, supple rolling is transformed into a mechanical force by turns centripetal and centrifugal.

And so, as the nearly lulling journey ebbs and flows, vistas briefly viewed disappear, come back: a whole piece of the city turns

carpe. Et tandis que des volées d'escaliers s'arpègent en plein soleil, se décrochent, et que des palmiers, fontaines d'éternité jaillies d'une petite place ombreuse, dispensent la sagesse à cinq étages de linges pendus, la même église pivote longtemps dans le ciel sous des angles acrobatiques. Au retour (car on ne va jusqu'au bout que pour revenir tout de suite en sens contraire), c'est exactement la même chose en absolument différent, comme quand en se rendormant on rêve d'un rêve qu'on vient de faire. Mais on ne rêve pas. A tout moment (il suffit de presser un bouton déclenchant un coup de timbre), on peut en tout cas se réveiller – descendre – sans avoir omis de saluer le médiateur placide et taciturne qui opère à l'avant du tram 28.

over on one side the card castle of its roofs; on the other, the sea jumps like a carp. And while flights of stairs in the sun spread arpeggiated, come undone, and palm trees, fountains of eternity that have surged forth from a small shadowy square, dispense the five-storied wisdom of laundry hung on lines, the same church pivots a long while in the sky in acrobatic angles. On the return trip (for one never goes till the end except to return straightaway in the opposite direction), it's exactly the same thing absolutely different, as when in falling back to sleep one dreams of the dream one's just had. But one isn't dreaming. At any moment (by pressing a button that activates a bell), one can in any case wake up – get off – without having forgotten to greet the placid, taciturn mediator operating at the front of Tram 28.

Le Lispoète

La première chose qu'on m'a montrée à Lisbonne, comme de juste,
est une effigie de Pessoa coulée dans du métal.
Des grands poètes le plus souvent on ne représente que le buste
ou même seulement la tête. Celui-ci est en pied. Total.

Près d'un café qu'il fréquentait, assis, grandeur nature,
sans aucun accessoire littéraire, il consomme gratis
le temps qui passe. Chapeau, noeud pap, costume trois pièces,
    chaussures,
c'est l'Homme des années vingt *sub specie aeternitatis.*

Mais à côté d'un guéridon du même goût artistique
sur lequel sa main gauche repose, il tend l'autre à hauteur
de poitrine, comme pour souligner un aperçu critique
ou peut-être contester celui d'un interlocuteur.

De l'autre côté du guéridon, d'ailleurs, une deuxième chaise,
inoccupée, s'offre au promeneur qui désirerait s'asseoir
pour soumettre au poète un point délicat d'exégèse
tandis que la foule indifférente défile sur le trottoir.

Je me demande pourtant si le touriste normal identifie
l'auteur qu'on a réduit à ce rôle un peu avilissant :
il prend la pose pendant dix secondes pour une photographie
et s'en va. Plus tard, dans la nuit, j'étais l'unique passant,

The Lispoet

The first thing they showed me in Lisbon, of course,
is an effigy of Pessoa cast in metal.
Most often with great poets they only show the bust
or even just the head. This one is full-scale. Total.

Near a café he used to visit, seated, life-size,
unburdened by literary accessories, he consumes gratis
time passing. Hat, shoes, three-piece suit, bowtie,
he's Mr. Nineteen-Twenties *sub specie aeternitatis.*

But next to a pedestal table of similar artistic flight
on which rests his left hand, he holds the other
chest-high, as if to emphasize a critical insight
or perhaps contest that of an interlocutor.

On the other side of the small table, moreover, a second chair,
unoccupied, offers itself to the passerby perhaps wishing to sit
to submit to the poet a delicate interpretive affair
while the indifferent crowd on the sidewalk files past.

I wonder though if the normal tourist knows
to notice the author reduced to this somewhat degrading role:
he strikes the pose for ten seconds for a photo
and goes. Later, at night, I was the sole

je me suis souvenu, devant Pessoa, d'une rencontre analogue
avec un autre poète figé dans un continuel
présent, dans un interminable et muet monologue :
c'était – un soir, dans une rue vide d'Auxerre – Marie Noël.

On a représenté en pierre peinte comme du polystyrène
une vieille bigote retour de messe et flanquée de son cabas.
Je ne veux pas comparer ces deux figures contemporaines
si différentes. Mais simplement suggérer de mettre à bas

toutes les statues fossilisant dans n'importe quelle matière,
à seule fin de flatter un stupide orgueil municipal,
des êtres dont la vie continue à vibrer toute entière
dans leurs mots (et la mort aussi, car tout livre est tombal).

Pourtant je le note avec plaisir : sur cette place de Lisbonne
où il reste en butte à la pluie, aux injures des pigeons,
du poète aux dix voix qui fut littéralement "personne",
on a eu la délicatesse de ne pas inscrire le nom.

visitor and recalled, in front of Pessoa, an analogous
encounter with another poet frozen in a continual
present, in a mute interminable monologue: it was
– one evening, in an empty Auxerre street – Marie Noël.

They'd portrayed in stone painted like polystyrene
a sanctimonious biddy back from mass, shopping bag in tow.
I don't want to compare two such different contemporary
figures. But simply to suggest they take down

all statues fossilizing in any material whatsoever,
only to flatter stupid municipal pride,
beings whose life continues to resound altogether
in their words (in death too, for all books are tomb-like).

Although with pleasure I note: on this square in Lisbon
where he remains exposed to pigeons' insults, to rain,
for the ten-voiced poet who literally was "no one"
they had the sensitivity to not inscribe a name.

Espagne / Spain

L'encastillé

Les deux Castilles sont les poumons de l'Espagne. Là elle respire à fond, justifiant une devise qui la disait "une, grande et libre". Loin de souffrir du compartimentage que lui imposent les sierras, ce double espace interne y trouve comme un accroissement de volume. Aride et dépeuplé, ce n'est pourtant pas le désert que son horizon bientôt borne. Les cloisons montagneuses créent des ressauts, des houles, des dévalements qui impriment un élan à l'étendue, et la maintiennent dans leurs barrières pour mieux la faire bondir. Mais ces bonds s'effectuent avec une ampleur majestueuse. On conçoit qu'ils aient pu se projeter par-dessus l'océan, atterrir dans un nouveau monde. En même temps toutefois l'espace castillan se recueille, se comprime et puis se redilate sur soi comme la machine incessante de notre souffle. A cette différence près qu'il restitue plus pur l'air immensément inhalé, nettoyé de ses scories par l'action du feu ou de la neige.

Les deux poumons communiquent par un couloir étroit qui sépare la sierra de Guadarrama de la sierra de Gredos, et que domine à l'extrémité de la première, tel un imposant et muet appareil régulateur, l'Escurial. Sa position corrobore la justesse du choix ou plutôt de l'invention de Madrid comme capitale. Légèrement à l'écart du centre où s'accomplissent les échanges politiques et commerciaux, mais encore plus proche du point où les

Castilated

The two Castiles are Spain's lungs. There she breathes deeply, justifying a motto that called her "one, great and free." Far from suffering from the partitioning the sierras impose upon it, this double internal space finds there a kind of increase in volume. Arid and depopulated, it's nonetheless not the desert its horizon soon marks off. The mountainous barriers create rises, swells, sharp drops that give momentum to the vast expanse, and keep it positioned within their barriers to better make it leap up. But these leaps occur with majestic scale. One grasps how they were able to project themselves over the ocean, land in a new world. At the same time however Castilian space collects, compresses and then expands upon itself like the incessant machine of our breath. With the important difference that it releases in purer form the air immensely inhaled, cleansed of its scoria by the action of fire or snow.

The two lungs communicate by a narrow corridor that separates the Sierra de Guadarrama from the Sierra de Gredos, and which at the extremity of the former, like an imposing silent regulating apparatus, the Escurial dominates. Its position corroborates the appropriateness of the choice or rather of the invention of Madrid as capital. Slightly away from the center where political and commercial exchanges take place, but even closer to

17

deux mesetas se rencontrent, il considère, écoute, mesure la profonde respiration silencieuse du pays ; assiste à l'entretien sans médiateur que poursuivent la terre dénudée et le ciel cru.

Traversée en deux jours et dans deux directions différentes, entre Madrid et Salamanque puis entre Madrid et Burgos, la Vieille-Castille m'a paru tel un immense troupeau de rochers éparpillés sur des pentes, parmi des bosquets plus ou moins clairsemés de pins et de chênes verts. Cette image de troupeau ne décrit qu'un phénomène de surface, l'affleurement d'une forte ossature sous l'épiderme rude au pelage usé, mais peut-être suggère-t-elle aussi le mouvement de pression imperceptible qui, détachant ces rocs de la masse souterraine sans doute déjà travaillée, fissurée, cassée en tous sens par son effort, les a faits peu à peu surgir, rouler et pâturer dans la caillasse et la poussière. Ou bien n'est-ce dû qu'à l'érosion ? Au dégagement progressif de la profonde structure rocheuse par l'activité rare mais violente des pluies, la patience du gel et du vent ? On voit bien en tout cas avec quelle obstination le sous-sol veut émerger dans la lumière, comment il s'y hausse par endroits en amas pyramidaux déjà formés de blocs tout prêts à se décrocher successivement et à rejoindre – demain ou dans cent millénaires – ceux qui les ont précédés. Comme si cette volonté – aussi régulière qu'une machine, aussi résolue qu'un esprit – n'arrêtait jamais de soumettre le conglomérat intérieur à sa pression. Et un rocher de plus dégringole, écrase autant d'herbe rase et de gravier que le lui permet son poids, puis reste là sur place à paître du temps que rien n'épuise, parfois frôlé par un bref ruissellement de vrais moutons.

the point where the two mesetas meet, it considers, listens, measures the country's deep silent breathing, is present at the unmediated conversation carried on by the bare earth and the harsh sky.

Crossed in two days and in two different directions, between Madrid and Salamanca then between Madrid and Burgos, Old Castile seemed to me like a vast flock of boulders scattered along slopes, among groves more or less sparsely populated with pines and green oaks. This image of a flock only describes a surface phenomenon, the emergence of a strong bone structure under the rough skin with its worn coat, but perhaps it suggests as well the movement of imperceptible pressure which, pushing out these rocks from the subterranean mass undoubtedly already worked, cracked, broken every which way by its effort, made them little by little spring up, roll and graze in the loose stones and the dust. Or else it's only due to erosion? To the progressive freeing of the deep rocky structure by the rare but violent activity of rains, the patience of the frost and wind? One can well see in any case with what stubborn determination the subsoil wants to emerge into the light, how it raises itself up there in places in pyramidal masses already formed of blocks all ready to successively unhook themselves and to rejoin – tomorrow or in a hundred millenia – those that preceded them. As if this will – as regular as a machine, as resolved as a human mind – never stopped subjecting the inner conglomerate to its pressure. And one more boulder tumbles, crushes as much short grass and gravel as its weight permits, then stays there grazing on inexhaustible time, now and then brushed lightly by a brief stream of real sheep.

Bien que souvent rien ne permette d'apprécier les dimensions réelles du paysage, on en reçoit de façon permanente une impression d'ampleur. De loin en loin une baraque abandonnée, un pin ou la silhouette d'un berger proportionnent. C'est alors l'imagination plutôt que le regard qui doit accommoder quand on aperçoit dans un creux, ou sur le versant d'une colline, un semis de points très noirs modifiant brusquement l'échelle. Ces mouches bougent un peu, mais ne s'envolent jamais de l'endroit où sans doute elles se chauffent au soleil en se lissant de la trompe des pattes. Au vrai (comme on en juge quand, plus proches de la voie où elles ne prêtent aucune attention particulière au passage du train, leur taille augmente plan après plan jusqu'à ce que l'illusion se dissipe), ces mouches sont des taureaux. Contrairement aux moutons et même aux vaches qui, fréquemment, offrent le curieux spectacle de rester tous, quel que soit leur nombre, tournés dans la même direction (ayant sans doute une bonne raison de penser que quelque chose va s'y produire), ces bêtes très puissantes s'établissent volontiers chacune dans un sens différent. Une intériorité opaque et profonde où repose leur force les y fixe et les occupe. Elles la méditent et la ruminent, et s'y abîment comme si elles dormaient. Mais qui si peu que ce soit en a fait un jour l'expérience, sait sur quelle terrible réserve d'énergie s'appuie ce tas de sommeil. Il aura certes besoin de quelque temps avant de se mettre en branle, parce que même sa colère gît au plus sombre de son obscurité. Il faut qu'il la rassemble, qu'il l'augmente, qu'elle monte, se condense et se déclenche comme un orage, avec un long préambule de roulements et de sourds éclairs. Mais dès que cette fureur éclate plus rien ne peut l'arrêter.

On comprend que le taureau et surtout le noir taureau d'Espagne fascine, et religieusement, l'homme toujours tenté de tenter ses dieux, de les affronter dans un combat dont l'issue désirée et la plus habituelle tient dans une mise à mort. Mais celle-

Even though often nothing allows the countryside's true dimensions to be appreciated, one continuously gets an impression of fullness. Here and there an abandoned shed, a pine or a shepherd's silhouette adds proportion. It's then one's imagination rather than one's gaze that needs to adapt when catching sight in a hollow, or on a hillside, of a pattern of dark black points abruptly modifying the scale. These flies move a little, but never fly away from the place where they probably warm themselves in the sun while smoothing themselves down on the proboscis of animal paws. In actual fact (as one can judge when, closer to the track where they pay no particular attention to the train's passing, their size increases with each approaching view until the illusion clears), these flies are bulls. Contrary to sheep and even to cows who, frequently, offer the curious passerby the sight of all staying, no mattter their number, turned in the same direction (having most likely a good reason to think something's going to happen there), these powerful animals gladly settle each facing a different way. A deep, opaque interiority where their strength rests fixes them there and occupies them. They meditate and ruminate on it, and sink inside it as if they were sleeping. But whoever has experienced it in the slightest firsthand knows the tremendous reserve of energy on which this pile of sleep relies. It will certainly need some time before it gets moving, because even its anger lies within the darkest part of its obscurity, which it must gather, increase, so that this darkness rises, condenses and is triggered like a storm, with a long preamble of rumbles and of muffled flashes of lightning. But as soon as this fury breaks nothing more can stop it.

It's understandable the bull and especially the black bull of Spain religiously fascinates those always tempted to tempt their gods, to confront them in a combat whose desired and most habitual outcome consists of being put to death. But this death, despite the blood shed in gushes in the sand, despite the puncture

ci, malgré le sang répandu en bouillons dans le sable, malgré la crevaison de l'orage de muscles à son tour foudroyé, ne constitue qu'un rite sans fin renouvelable comme la messe, puisque le dieu innocent et ténébreux ne meurt pas réellement. Déjà sa résurrection est acquise. Déjà on l'élève de nouveau pour la mort dans de gras pâturages, ou dans ces étendues de pierraille grise où, de loin, il ressemble aux petites mouches intenses qui le butineront vaincu.

C'est en venant de Madrid que j'ai vu pour la première fois apparaître, suspendu entre terre et ciel tout au bout d'une longue courbe ferroviaire, l'Escurial. Chateaubriand l'a décrit telle une immense caserne, et je ne crois pas qu'on puisse rien ajouter au grandiose de sa description. Elle montre ce monument comme l'exact résultat architectural de l'histoire et de la politique. Elle procède d'une intelligence supérieure de leurs rapports, de ce qu'il est possible d'en déduire. Pour moi je ne fais qu'induire à partir des phénomènes bruts, soupçonner que leurs effets considérables ne sauraient dépendre uniquement de la nudité de leur fait. Que l'on en ait ou non connaissance, les causes cachées d'un phénomène participent à notre émotion. Celle que me procure l'apparition d'une chaîne de montagnes, même si je n'y songe pas dans l'instant et n'en suis que mal instruit, prend une part de sa force dans l'insondable arrière-fond de l'orogénie. En découvrant tout à coup l'Escurial, je n'ai donc pas relié de façon très claire l'aspect de l'ouvrage à la politique et au caractère de Philippe II. Mais j'ai bien pressenti le travail d'une volonté puissante, se portant à elle-même témoignage en présence de Dieu.

Au-dessus du néant de toutes les résolutions humaines, face à une sorte de désert, l'Escurial parait prolonger et soutenir l'éperon

of the storm of muscles struck down in turn, makes only for an endlessly renewable ritual much like mass, since the innocent, shadowy god doesn't really die. Already his resurrection is accepted. Already he is raised again for death in rich pastures, or in these expanses of loose gray stones, where, from a distance, he resembles the small intense flies that will gather him when he is vanquished.

It was while returning to Madrid that I saw for the first time appear, suspended between earth and sky at the far end of a long railway curve, the Escurial. Chateaubriand described it as a huge barracks, and I don't believe anything can be added to his description's grandeur. His portrayal shows this monument as the exact architectural result of history and politics, and proceeds from a superior understanding of what can be deduced from their relationships. For my part I merely infer from raw phenomena, suspect their considerable effects couldn't depend solely on the nakedness of their occurrence. Whether or not one is aware of them, the hidden causes of a phenomenon participate in our emotion. What I feel when a mountain range makes its appearance, even if I don't think of it there and then and am only poorly informed, gets part of its strength from the unfathomable recesses of mountain formation itself. In discovering all of a sudden the Escurial, I thus haven't so clearly connected its aspect to politics and to Philip II's personality. But I've very much sensed the work of a powerful will, bearing itself witness in the presence of God.

Above the nothingness of all human resolve, facing a sort of desert, the Escurial seems to prolong and support the spur that dominates it, to draw from this natural surge of rock the reflected energy of its immobile, sovereign act. It was placed there like the theorem of order, and of order as a necessary outcome of a truth.

qui le domine, tirer de ce surgissement naturel l'énergie réfléchie de son acte immobile et souverain. Il a été posé là comme le théorème de l'ordre, et de l'ordre en tant qu'aboutissement nécessaire d'une vérité. Il pleuvait le jour de ma visite. De temps en temps, entre deux averses, un soleil d'un blanc fulgurant d'épée, ou de cuirasse, perçait dans les gros éboulements de nuages presque noirs, et faisait briller les toitures et les cours comme sous une mince couche de givre. Si bien que le théorème s'énonçait avec la perfection des deux couleurs confrontées ou juxtaposées – le noir et le blanc, le bien et le mal, le tout et le rien, la face obscure et la figure rayonnante de l'ordre.

Dans le sens inverse aujourd'hui – c'est-à-dire parti de Salamanque – je ne retrouve pas la vigueur de cette première sensation. Non que je m'attendisse davantage à voir surgir l'Escurial. Au contraire, puisqu'il n'est pas le but du voyage à présent, mais sans doute parce que le tracé de la ligne ferroviaire, dont je n'avais qu'une idée assez vague, le situe dans une perspective moins favorable au plein effet de son apparition. Elle contrarie le déploiement complet de son envergure, dans un halo de brume caniculaire où tout semble rétréci par une sorte de paradoxale frilosité. J'ai le sentiment de le surprendre dans un moment où son port et sa volonté se relâchent. Bien différent de la prodigieuse caserne mystique peinte par Chateaubriand, ce n'est plus qu'un très vaste bâtiment à moitié militaire, à moitié monastique, d'une raideur offusquée par la proximité de la gare coquette et d'un pimpant hôtel. J'aime mieux revoir en fermant les yeux le site vidé de son pouvoir effectif et de sa gloire temporelle, d'autant plus imposant, et sans autres interlocuteurs désormais que le temps et l'étendue en chemin au fond de ses milliers de vitres.

It was raining the day of my visit. From time to time, between two rainshowers, a sun white as a flashing sword or coat of armor pierced through the great heaps of nearly black clouds, and made the roofs and courtyards glint as if under a thin film of frost. So much so that the theorem was set forth with the perfection of two colors compared or juxtaposed – black and white, good and evil, all and nothing, order's dark side and radiant face.

In the opposite direction today – that is, having left from Salamanca – I don't seem to rediscover the strength of that first sensation. Not that I expected all the more to see the Escurial spring up. Quite the contrary, since it's not now the trip's aim, but doubtless because the railway line's route, of which I had only a fairly vague idea, situates it in a perspective less favorable to the full effect of its appearance. The rail works against the full unfolding of its stature, in a halo of scorching haze where everything seems shrunken by a kind of paradoxical sensitivity to the cold. I've the feeling I'm surprising it in a moment where its bearing and will are flagging. Much different from the prodigious mystical barracks depicted by Chateaubriand, it's now no more than an especially vast building, half military, half monastic, its stiffness offended by the proximity of an over-pretty train station and a spruced-up hotel. I prefer seeing again with eyes closed the site emptied of its effective power and temporal glory, all the more imposing, and henceforth with no other interlocutors than time and the expanse on its way deep within its thousands of windowpanes.

Arroz y Luna

Très longtemps je n'ai pas compris
Comment Lorca vit dans la lune
Un tabouret couvert de riz.
C'était chose commune

Autrefois, m'enseigne-t-on, quand
Les femmes d'Andalousie
Triaient ce grain en s'appliquant.
Ainsi la poésie :

Il faut prendre garde à cribler,
Dans le grain mêlé des figures,
La bonne ivraie et le faux blé,
Les claires, les obscures

Dont on fait un soleil menteur,
Une lune de romantique,
Et demeurer le serviteur
De ce riz domestique

Dans une Espagne en noir et blanc :
Des robes noires, des mains blanches,
Des jours sombres se ressemblant,
La foudre des dimanches

Sur des villages sans couleur
Et la campagne blanche ou noire ;
L'amour, pain blanc de la douleur ;
Le feu de la mémoire.

Arroz y Luna

For quite some time I didn't get
How Lorca saw in the moon
A small rice-covered seat.
Stools of that kind were common

In days past, they say, when
Andalusian women
Sorted grain with application.
And so poetry:

One must take care to sift,
In the mixed grain of figures,
The right rye and false chaff,
The light, the dark colors

Which make for lying sun,
For too romantic moon,
And remain the faithful one,
Servant of black-and-white Spain

And its domestic rice:
Black robes, white hands,
Somber days all alike,
The colorless towns

With Sundays' lightning
And the white or black of country;
Love, white bread of suffering;
The fire of memory.

Italie / Italy

Ravenne

Ravenne retient surtout par le détail, mais ce que j'appelle détail peut bien être toute une basilique. Et, grâce aux détails de ce détail, on ressent avec plus de force et de volupté la kinesthésie propre à ces nobles architectures, qui sont toujours un mouvement noble en apparence fixé. Puis je dirai quelque chose qui n'est sans doute pas très orthodoxe, ou qui a été déjà dit par d'autres qui ne l'étaient pas non plus, et c'est qu'il y a dans l'architecture monumentale de Ravenne un coefficient barbare, toujours un peu étrange sinon sauvage, qui en fait une des singularités. Mais je ne nie pas que ce soit mon œil qui souffre d'une certaine barbarie, due à quelque vieux fond lombard en moi éberlué par une bizarrerie de Byzance. Mon intention n'étant d'ailleurs pas de décrire en détail les édifices de Ravenne (n'importe quel dépliant d'agence y réussirait mieux que moi), je ne voudrais pas davantage m'abandonner à du lyrisme, exercice difficile sur la base d'une déception. Elle provint d'une première impression d'ensemble contrariante : cet ensemble n'était pas du tout conforme à ce que j'avais imaginé. Je croyais trouver de l'espace, et je découvrais un entassement, une sorte de fastueux garde-meuble ou de vieux musée de province trop étroit en ce début de novembre pluvieux. Bien entendu on fuit l'effervescence touristique dans les lieux qu'on préfère visiter un peu déserts. Toutefois une distinction s'impose : certains lieux, au contraire, et

$\mathcal{R}$avenna

Ravenna holds one's attention especially in terms of detail, but what I call detail can be an entire basilica. And, thanks to the details of this detail, one feels with more force and sensual pleasure the kinesthesia characteristic of these noble architectures, which are always a noble movement seemingly fixed in place. Plus I'll say something undoubtedly not so orthodox, or that others have already said who also weren't, namely that Ravenna's monumental architecture has a barbarian factor, always a bit strange if not wild, that constitutes one of its singularities. But I don't deny it may be my eye that suffers from a certain barbarity, due to some old Lombard background in me dumbfounded by Byzantine strangeness. My intention moreover not being to describe in detail Ravenna's edifices (any agency brochure would do this better), I wouldn't want to give myself up to further lyricism, a difficult exercise based on a deception. This feeling of being deceived came from an oddly vexing first general impression: what I generally saw didn't at all match what I had in mind. I thought I'd find space, and discovered instead a pile, a sort of lavish storehouse or old provincial museum too narrow in this rainy early November. Of course one flees the effervescence of tourism in places better visited when they're somewhat deserted. Nonetheless a vital distinction should be made: certain places, on the contrary, and in

en particulier une ville, n'ont aucun avantage à paraître inhabités. On aime une continuité de la vie jusque dans le monumental ancien, et c'est ce qui manque à Ravenne. Je me souviens de mon enchantement, à Rome, en constatant cette persistance dans le théâtre de Marcellus, et non seulement autour où des gosses jouaient au football en se servant de bornes de marbre pour définir les zones de but. Il me semble, mais j'invente peut-être, qu'il y avait du linge à sécher entre des fenêtres de logements encore plus ou moins improvisés après deux mille ans dans ces murailles. Peut-être des descendants de la famille du premier portier comme je me plaisais à le croire. Au cinéma, j'ai cru comprendre aussi que l'indestructible carcasse du palais de Dioclétien, à Split où je n'ai jamais eu l'occasion de me rendre, était devenue avec le temps l'ossature de tout un quartier établi dans les lacunes et les cavités qu'elle ménage. Non un parasitage aléatoire de cagnas, mais de solides maisons devenues la nouvelle chair de squelette, s'interpénétrant parfois de telle sorte avec lui qu'on peut y caser son lit entre deux colonnes et prendre ses repas sous l'œil d'un dieu lare adopté.

Cela s'est fait peu à peu à des époques où l'on n'avait pas comme aujourd'hui pour l'ancien une bigoterie dont les justifications excellentes ne cachent pas qu'elle s'efforce d'apaiser la conscience harcelante d'une incapacité de créer du neuf qui, avec lui, rivalise. On construisait bravement et utilement autre chose (les Romains surtout considéraient les dieux comme utiles), en se souciant peu ou en se servant de restes peut-être splendides mais dont on n'avait plus d'emploi, ou en les abandonnant aux besoins de l'initiative privée. On voudrait à présent mettre pour ainsi dire sous globe tout ce qui témoigne du génie humain dans la nécessité de construire des huttes, des palais ou des temples ; congeler le passé en ne tolérant que de la part de l'archéologue et du curieux payant une introduction de bactéries. Je suis beaucoup plus libéral.

particular a city, gain no advantage in appearing uninhabited. One likes a continuity to life that includes the old and monumental, and that's what's missing in Ravenna. I remember my enchantment, in Rome, in noting this persistence in the Marcellus theater, and not only around it where kids were playing football using marblestone markers to define the goal zones. It seems to me, but perhaps I'm making it up, there was laundry drying between windows of apartments still more or less improvised after two thousand years inside these walls. Perhaps descendants of the family of the first porter, as I was fond of believing. At the movies, I thought I also understood the indestructible shell of Diocletian's palace, in Split which I've never had a chance to visit, had become with time the framework for an entire neighborhood set up in the gaps and cavities it puts in place. Not a random patch of parasitic dugouts, but solid houses become new flesh on the bones, interpenetrating with it sometimes in such a way that one can bring one's bed there between two columns and have one's meals under the eye of an adopted Ancient Roman household deity.

This happened little by little in eras where there wasn't like today sanctimoniousness toward all things old, an attitude whose excellent justifications can't hide inherent efforts to appease the exasperating awareness of an inability to create anything new that might hold its own. Something else was always bravely and usefully built (the Romans especially considered the gods useful), with little concern for or taking advantage of perhaps splendid leftovers but for which there was no longer a use, or by abandoning them to the needs of private initiative. Nowadays the trend is toward putting in a glass case so to speak anything that bears witness to human genius in its need to build huts, palaces or temples; freezing the past while only tolerating on the part of the archeologist and the paying curious any introduction of bacteria. I'm much more liberal. Is it altogether contradictory to art, science, the cultural alibi the idle

Est-ce tout à fait contradictoire avec l'art, la science, l'alibi culturel que se donne l'excité désoeuvré qui veut profiter de son voyage ? C'est une simple affaire d'arrangement. En passant par une chambre au lit défait ou bien par la cuisine où se prépareraient la soupe, des biberons, on ne visiterait que plus intimement des endroits historiques toujours liés à la bonne routine immémoriale de la vie. Un de ces gosses qui jouaient au football nous guiderait, on lui laisserait en partant une grosse pièce (peut-être imprimerait-il lui-même avec un tampon en caoutchouc des tickets, ainsi que je l'ai vu faire à Éleusis) et il remercierait sobrement en reniflant sa chandelle. On trouve un peu de cette atmosphère naturelle en France dans certains beaux châteaux, quand une partie reste occupée par le propriétaire dont les titres remontent à Auguste le Pieux. Et l'on suit malgré soi à la trace ce personnage invisible qui émigre de salle en salle à mesure que se réébranlent l'amorphe troupeau et son berger remonté comme un phonographe automatique. On voit un pull-over jeté sur le bras d'un fauteuil, un verre de porto à demi-plein sur une table basse où bat encore un peu de l'aile un journal mal replié. Et une fois même j'ai pris soin d'éteindre une cigarette qui se consumait en équilibre au bord d'un cendrier, en quoi je me suis conduit comme un diligent protecteur du patrimoine artistique national.

Mon point de vue ne vaut sans doute pas dans l'idéal pour celui de Ravenne, ecclésiastique principalement. Mais on a bien aussi vécu dans les églises. L'imagerie italienne ou rapportée d'Italie aux XVIIe et XVIIIe siècles nous montre cette promiscuité chaleureuse de la vie et du monumental sacré. Les démunis qui n'ont pas même accès au précaire des insulae, ou de nos H.L.M. modernes, iront toujours chercher l'appui et le réconfort également moral d'un mur d'une solidité garantie par son bon comportement à travers les siècles. On peut penser que ces gens ne s'aviseront pas de cet aspect vénérable. Qu'ils se blottiront là-contre comme s'il s'agissait d'un

fanatic gives himself wanting to profit from his trip? It's a simple matter of arrangement. In going through a room with an unmade bed or else by a kitchen where soup, a baby's bottles were being prepared, one would be visiting all the more intimately historical places still tied to the good immemorial routine of life. One of the kids playing football would guide us, we'd leave him afterwards a great big coin (perhaps he'd print himself tickets with a rubber stamp, as I saw him do at Eleusis) and he'd offer plain thanks while snorting his trickle of snot. One finds a little of this natural atmosphere in France in certain beautiful castles, when one part remains occupied by the owner whose titles date back to August the Pious. And one follows everywhere in spite of oneself this invisible character who migrates from room to room as the amorphous flock and its shepherd keyed up like an automatic phonograph set off again. One sees a pullover thrown over an armchair, a half-full glass of port on a low table where a poorly folded newspaper still beats its wings a bit. And once I even took care to put out a cigarette burning away balanced on an ashtray's edge, thus behaving like a diligent protector of the national artistic heritage.

My point of view is most likely not valid in the ideal for that of Ravenna, chiefly ecclesiastical. But people have indeed lived in churches as well. 17th and 18th century imagery, whether Italian or brought back from Italy, shows us this warm promiscuity of life and of what is monumental and sacred. The destitute who don't even have access to the precariousness of insulae, or of our modern H.L.M.s, will always go looking for the support and the likewise moral comfort of a wall whose solidity is guaranteed by its good behavior through the centuries. One might think these people won't recognize this venerable aspect. They'll huddle up against it as if it were all a natural accident, and it's in sum more instructive, more beautiful and more touching than the sight of the flocks penned up each night in areas saved for their seasonal movings. Moreover,

accident naturel, et c'est en somme plus instructif, plus beau et plus touchant que le spectacle des troupeaux qu'on parquera le soir dans des insulae réservées à leurs transhumances. D'ailleurs, tandis que les plus démunis de notre époque se réfugient sous des ponts ou entre des piliers d'autoroutes, ceux que j'évoque percevaient intuitivement le rapport d'un temple paternel-maternel avec leur propre existence sans âge dans son recommencement élémentaire chaque jour sous le même soleil.

Mais si le sacré s'isole il lui faut énormément d'espace. Trop, même, vaut mieux que pas assez. Ainsi m'étais-je représenté Bologne : des espaces excessifs devant des basiliques très-basses bien qu'avec des tours tout au fond. Ainsi même l'ai-je *vue* à mon premier passage, parce que j'étais encore assez jeune pour imposer mes désirs à la réalité. Or Boulogne est bien différente et je l'aime à présent telle qu'elle est. Lors de mon second voyage, pourtant, j'avais encore cette première fausse image dans la tête et, cherchant ensuite où l'accrocher, ce fut au-dessus du nom de Ravenne. D'où ma déception. Il est vrai que si l'on ne réfléchit pas d'emblée au resserrement fortifié que nécessitait une telle capitale, on s'explique mal ce défaut d'espace dans une ville si parfaitement plate à proximité de la mer. C'est hors les murs, sans doute, que fut construit le tombeau de Théodoric, à présent encore à l'écart de l'agglomération et de son noyau ancien. Pour l'atteindre, on ne passe pas très loin du canal, et là on a évidemment tout l'espace qu'on désire, une espèce d'amplification du bassin de la Villette, avec deux gros cargos russes et une vedette de la *Guardia di Finanza* entre des bâtiments qui, en tant qu'affectés à la fonction biologique d'entreposer, relèvent moins de l'histoire de l'art que des sciences naturelles. On m'a reproché de vouloir tout ramener à mon pauvre connu, et d'user, pour retenir l'intérêt, du ressort facile qu'offre un souriant déboire d'amateur vaguement blasé. Or j'estime enrichissant de pouvoir ressentir une déception à Ravenne. La

whereas the most destitute of our era take refuge under bridges or between highway pillars, those I'm evoking perceived intuitively the relationship between a paternal-maternal temple and their own existence, ageless in its elementary starting-over each day under the same sun.

But if the sacred isolates itself it needs a great deal of space. Too much, even, is better than not enough. This is how I imagined Bologna: excessive spaces in front of ultra-low basilicae albeit with towers at the far end. This is even how I *saw* it my first time through, because I was still young enough to impose my desires on reality. Yet Bologna is quite different and I love it now such as it is. At the time of my second trip, though, I still had this first false image in mind and, looking afterward for a place to hang it, it was above the name of Ravenna. Hence my deception. It's true that if one doesn't think straightaway about the fortified tightening such a capital required, it becomes hard to explain this lack of space in a city so perfectly flat near the sea. It's doubtless beyond the city walls that they built Theodoric's tomb, now still well outside the town and its ancient core. To reach it, one doesn't go far beyond the canal, and there one has of course all the space one could possibly desire, a kind of amplification of the Villette basin, with two big Russian freighters and a *Guardia di Finanza* patrol boat between buildings that, insofar as they serve the biological function of storing, have less to do with art history than with the natural sciences. I've been accused of wanting to bring everything back to my slender knowledge, and of using, to retain interest, the easy way out some cheerful disappointment of a vaguely blasé amateur might offer. Yet I consider it enriching to be able to feel a deception in Ravenna. The letdown made me momentarily bold. I meditated on a more open redistribution of the site's elements in the space available in the surroundings. The justifiability of this seeming casualness may be apparent. It's known that the irrepressible

déconvenue m'a rendu un moment audacieux. J'y ai médité une redistribution plus aérée des éléments du site dans l'espace disponible aux alentours. On conçoit le bien fondé de cette apparente désinvolture. On sait que l'irrépressible débordement des faubourgs du Caire menace déjà la majesté des Pyramides. Veut-on que ces monuments ne deviennent pas le support d'une prolifération de cahutes en terrasses ni une réserve archéologique ceinte de clôtures au beau milieu d'une banlieue à son tour bientôt absorbée par la boulimie du béton, il convient de les démonter sans retard pierre à pierre (on a l'exemple d'Assouan), pour les remonter telles quelles dans une zone désertique où rien ne les offensera dans un espace indispensable à leur rumination millénaire.

Quant à l'intrusion du bassin de la Villette au cœur de ce qui fut un des cœurs de l'empire byzantin, elle témoigne d'une autre forme d'enrichissement de l'âme par le jeu réciproque de ces associations. Les images de la mémoire impriment sur des sortes de transparents qui favorisent leurs superpositions et leurs mélanges. Une chose fait toujours songer à une autre qui paraît lui ressembler ou semble sans rapport avec elle mais l'attire par un fil secret. Le mieux est de les laisser faire. Un peu trivialement, donc, j'ai revu à Ravenne le bassin de la Villette et, chaque fois que je vais m'y promener, ce bassin me restitue le canal dont l'espace ménage dans ma mémoire imaginative une vaste scène mouvante pour Saint-Vital ou le tombeau de Galla Placidia et le brasillement des mosaïques où survivent ses émotions et ses pensées. Le tombeau de Théodoric rencontre la rotonde de Ledoux, et c'est un bien captivant échange. Quelquefois pourtant je redécouvre dans ce flou une très précise épreuve photographique. Alors tout ce fier mobilier se range le long des rues vides que je parcours sous la pluie, et, au coin d'une artère sillonnée de dames cyclistes, je tombe sur une boutique à l'enseigne de *La Parisienne Marbert*.

overflow of Cairo's inner suburbs already threatens the majesty of Egypt's pyramids. Should it come to mind to not let these monuments become the support for a proliferation of terrace shacks nor an archeological reserve encircled with fences smack in the middle of a suburb in turn soon absorbed by concrete's compulsive bulimia, it would make sense to dismantle them without delay stone by stone (as for example at Aswan), to reassemble them just as they stood in a deserted zone where nothing will offend them in a space indispensable to their millenial rumination.

As to the intrusion of the Villette basin in the heart of what was one of the hearts of the Byzantine empire, it's a mark of another form of enrichment of the soul through the reciprocal play of these associations. Memory's images print on what almost are transparencies that favor their superimpositions and mixtures. One thing always recalls another that appears to resemble it or seems unrelated but attracts it by a secret thread. It's best to let be. Somewhat trivially, then, I saw again in Ravenna the Villette basin and, each time I go walking there, this basin restores to me the canal whose space sets in my imaginative memory a vast moving scene for Saint Vital or the tomb of Galla Placidia and the glimmering of the mosaics where her thoughts and emotions survive. The tomb of Theodoric meets the Ledoux rotunda, and it's a most captivating exchange. Sometimes though I rediscover in this fuzziness a very precise photographical print. Then all this proud architectural furniture lines up along the empty streets I travel in the rain, and, at the corner of a thoroughfare crisscrossed by women cyclists, I come upon a shop at the sign of *La Parisienne Marbert*.

Parenthèse à propos de Modène

Réduite aux proportions de l'après-midi que j'y passai par une chaleur déjà caniculaire, Modène m'apparaît ainsi : une ville petite et blottie sur soi contre l'esplanade immense que domine un démesuré palais blanc. On sent immédiatement qu'il dut y avoir, à l'ombre des arcades, un climat de crainte et de complot sous la masse de ce bâtiment d'un bloc, mais clair et rayonnant comme le front du despote éclairé qui pense, ou plutôt sait, tandis que la ville se partage entre le charme de ses détours et ses réflexions tortueuses. Ce despote sait et voit. D'innombrables fenêtres bien rangées en témoignent : il estime sa pensée trop légitime pour la dissimuler, et en même temps ne laissera rien échapper de ce qui doute de son ouverture ou l'interpréterait mal. Il est si franc qu'il s'est refusé toute fantaisie trop séduisante. Mais l'ampleur de ses proportions régulières l'a disproportionné, par rapport à la ville qui lovée dans l'ombre réfléchit, murmure. C'est un paquebot près d'un étang, un excès de gloire et de majesté pour ce qu'elles administrent. Elles n'administrent d'ailleurs plus rien. Derrière son esplanade, le château n'a plus que cet espace à gouverner. C'est un peu juste, alors que l'Escurial peut continuer d'exercer une sorte de pouvoir métaphysique sur l'étendue. Il l'équilibre en l'approfondissant. Dans celle dont il dispose, le château ducal crée un champ magnétique auquel il est pourtant difficile d'échapper, et qui ramène sous le poids de sa candeur volumineuse. J'y ai cédé, moins machinalement que par souci de me rendre utile. C'est-à-dire que je n'ai pas cessé d'aller sucer des glaces dans des cafés de conjuration parfois peuplés d'étudiantes aux yeux d'espresso, pour me précipiter de nouveau vers l'esplanade. Dans quel espoir ? Le palais n'avait pas bougé d'un quart de millimètre et ses ondes propageaient la même éclatante blancheur. Il aurait pu ne plus y

Parenthesis on Modena

Reduced to the proportions of the afternoon I spent there in already scorching heat, Modena appears to me thus: a city small and nestled in itself against the immense esplanade a vast white palace dominates. One immediately feels there must have been, in the arches' shadow, a climate of fear and plotting under the mass of this building that's made of one piece but clear and beaming like the face of the enlightened despot who thinks, or rather knows, while the city is divided between the charm of its detours and its tortuous reflections. This despot knows and sees. Countless well-ordered windows bear witness: he considers his way of thinking too legitimate to be hidden, and at the same time will let nothing escape of that which doubts of its openness or interprets it wrongly. He's so honest he's refused himself any too seductive fantasy. But the fullness of his mind's regular proportions has made it disproportionate, relative to the city that curled up in the shadow murmurs, reflects. It's a ship near a pond, an excess of glory and of majesty for what they have to administer. They moreover no longer administer anything. Behind its esplanade, the castle now has only this space to govern. It's somewhat on the skimpy side, whereas the Escurial can continue to exercise a sort of metaphysical power over the expanse, balancing while deepening it. In its own domain, the ducal castle creates a magnetic field from which it is nonetheless difficult to escape, and that draws in under the weight of its voluminous candor. I gave in to it, less mechanically than for the sake of making myself useful. That is, I didn't stop going to suck ice creams in ritualistic cafés sometimes inhabited by espresso-eyed female students, in order to rush toward the esplanade again. What for? The palace hadn't budged a quarter of a millimeter and its waves propagated the same glaring whiteness. It could have no

être, oui, mais il y était toujours, occupé à l'imperceptible dilatation continuelle que lui donne la conscience de survivre victorieusement à son emploi. Il m'a fallu renouveler ce manège pendant près de deux heures pour découvrir le secret : puisque le château n'arrêtait pas de faire gonfler sa masse, il m'incombait la tâche de me réduire comparativement. Et, marchant de long en large sur l'esplanade, je ne m'y appliquai pas sans succès. Avec le sentiment de remplir une mission modeste mais capitale, j'arpentais en diminuant. À ma façon je montais la garde. Et puis, comme tous les fonctionnaires, j'ai fini par ne plus penser à rien, pareil à la large lame d'ombre entamant l'énorme gâteau d'Este aux mille carreaux en feu. Je ne sais pas si l'on s'en rend compte, mais j'en suis convaincu : Modène, depuis mon passage, a quelque peu changé.

longer been there, yes, but still, there it was, busy with the imperceptible continual dilation given it by the awareness of victoriously surviving its job. I had to renew this game for nearly two hours to discover the secret: since the castle didn't stop swelling its mass, the task fell to me of reducing myself comparatively. And, walking back and forth on the esplanade, I made every effort to do so and achieved a certain success. With the feeling of fulfilling a modest yet capital mission, I paced up and down while diminishing. In my own way I was on guard. And then, like all civil servants, I eventually got to thinking of nothing at all, like the large blade of shadow cutting into the enormous cake of Este with its thousand tiles on fire. I don't know if anyone realizes, but I'm convinced: Modena, since I passed through, has changed somewhat.

L'amour à Boulogne

A Boulogne, les autobus couleur de jaune d'oeuf
Ont quelquefois leur terminus en haut d'une colline :
Le 30 me dépose au pied d'une église orpheline,
Sur une esplanade où je vais promener comme un veuf
    Ma solitude à l'heure où le soleil décline.

Mais il épouse alors les tours, les clochers et les toits
De cette ville rose et rouge offerte à sa caresse.
La nuit aux yeux de chat approche sans qu'il y paraisse
Car l'ombre attise en même temps, comme dans un sous-bois,
    Le feu qui fuse au fond des vitres. Une ivresse

Muette emporte les derniers battements des oiseaux.
Cependant le matin je parcours de nouveau la ville
En autobus, à pied parmi la foule où se faufile
En souplesse l'engin rapide aux flexibles fuseaux
    Qu'utilise à plaisir la Bolognaise habile.

L'épaule délicate et la hanche exquise, un scooter
La promène, cheveux au vent : Dianes à moteur
Ou Minerves quand elles ont coiffés l'énorme casque,
Chacune en vérité divine, et l'air calculateur
    Du pilote sur leur visage n'est qu'un masque.

On devine au-dessous une tout autre gravité :
Où qu'elles aillent et pourquoi, leur corps semble habité
Par celle de l'amour qui gouverne leurs cavalcades
Le long des artères pompant au cœur de la cité,
    Et par le tournoiement ombreux de ses arcades.

Love in Bologna

In Bologna, the egg yolk yellow buses
Sometimes have their terminus at the top of a hill:
The 30 drops me off by an orphan church all
By itself, on an esplanade where I walk my aloneness
    Like a widower at the hour of the sun's fall.

But it goes and hugs the towers, the steeples and the roofs
Of this pink and red city offered up to its caress.
The night with its cat's eyes comes close but can't be assessed
For shadow likewise stirs up, as in a small wood,
    The fire now flying deep within windows. The last

Beating of birds' wings gets carried off by a silent rapture.
Yet in the morning I travel again throughout the rest
Of the city, by bus, on foot in the crowd where it threads
So smoothly, the fast machine with its easy curves
    Spun for its own sake by Bologna's female best.

With delicate shoulders and exquisite hips, a scooter
Takes them, hair in the wind: Dianas with motors
Or Minervas with helmets donned and clasped,
Each in truth divine, the severe pilot's air
    On their faces a mask.

One intuits underneath a quite different gravity:
Wherever they go and why, their body seems occupied
By that of the love which governs their cavalcades
Along the pumping arteries in the heart of the city
    And the shady whirl of its arcades.

Chacune répond à l'amour que je lui destinais
Et qui s'accomplira vraiment puisque je me contente,
Même quand il demeure encore une confuse attente,
D'être l'amour de leur amour caché ; je le connais,
　　Amande au dur noyau de leur grâce distante.

A midi je fréquente un bar tout en glaces, devant
Un square où l'odeur capiteuse et fraîche du troène
Submerge l'épaisseur brumeuse des gaz. Et souvent
Des jeunes femmes à scooter y font halte. En buvant
　　Un peu trop de cafés un peu trop forts, je traîne

A table pour les écouter rire ensemble ; je veux
Les voir redonner du volume et de l'air aux cheveux,
D'un geste qui lève leurs bras potelés ou graciles ;
Oter leurs gants et déposer les autres ustensiles ;
　　Jongler avec les mots de leurs longs doigts nerveux.

Ai-je rencontré l'une ou l'autre aux guichets de la gare,
De la Poste, au comptoir d'un magasin, qui m'a vendu
Celle-ce des timbres ou bien de l'aspirine, du
Tabac, un billet *andata-ritorno* pour Ferrare
　　Ou Parme et, dans l'affairement, je n'ai pas dû

Prendre garde à cette beauté qui maintenant m'entoure
De ses reflets multipliés par les glaces du bar.
Mais bientôt pour elles revient l'urgence du départ.
De nouveau les moteurs obéissent à leur bravoure,
　　Rugissent, peu à peu s'éloignent. Un brouillard

Each one answers my love to her directed
And that will indeed come true since I content
Myself, even when it remains more a mixed-up wait,
With being the love of their hidden love; well I know it,
    The hard-pitted almond of their distant grace.

At noon I frequent a bar devoted to ice cream that opens
Onto a square where the heady fresh smell of privet
Submerges the thick haze of gas. Often
Young women on scooters stop there. I take in
A few too many coffees a bit too strong, I sit

Around to hear them laugh together; I want
To see them with a wave of their hand
Swish volume through their hair with arms plump or graceful;
Take off their gloves and put down other gear;
    With long nervous fingers juggle with words.

At the train station windows I met one or the other,
Or at the Post Office, the counter of a store, she sold
Me stamps or else aspirin, tobacco, that
Andata-ritorno ticket for Ferrara or Parma,
    And in all that fuss and bustle I must not have

Been mindful of this beauty which now surrounds
Me in reflections multiplied by the mirrors at the bar.
But soon they're quite taken up with the need to depart.
Once more the motors obey their bravura,
    Roar, little by little go off. Over the square

Bleuâtre flotte sur la place. Alors je m'achemine
Vers l'odeur fraîche qui saisit comme un rire. J'entends
Encore leurs voix célébrer Bologne, le printemps
Avec la force et la candeur d'une ronde enfantine.
(Mais n'entre pas : tu la romprais. Veille comme un flamine
     Auprès du dieu qui donne et sacre ces instants).

Hangs a bluish mist. So I head toward
The smell of freshness that grabs like a laugh. I hear
Still their voices celebrating Bologna, that spring is here,
With the strength and candor of a round sung by children.
(But don't take part: you'd break it. Keep watch like a Roman
    Priest on the god who grants moments made sacred).

Suisse / Switzerland

Villégiature en altitude modeste

à Pierre Starobinski

I. L'heure à Château-d'Oex

Sur le cadran carré du clocher carré de l'église (du temple) à Château-d'Oex, le soir même de mon arrivée, ou peut-être le lendemain matin, les aiguilles se sont arrêtées à neuf heures dix-huit. A plusieurs reprises j'ai consulté ce cadran au cours de la journée, et je me demandais non pas quel banal accident mécanique avait ainsi bloqué le mouvement, ni quel événement grave et sans rapport manifeste avec lui avait pu retenir sur le fonctionnement normal du système.

J'aurais seulement voulu savoir ce qui s'était produit en même temps que son interruption subite : mort, naissance, ou n'importe quoi de très important dans la vie intime du village, mettons une jeune fille qui découvre tout à coup sous la palpitation évasive mais pressante qu'elle éprouve, la pente où sa capacité d'amour va prendre enfin son poids spécifique, et rouler en écrasant tout sur son passage vers le but qui lui semble à présent depuis toujours désigné.

Mais c'est une conjecture trop romanesque, et j'ai mille raisons de ne pas vouloir entreprendre un tel roman.

Holiday at Modest Altitude

to Pierre Starobinski

I. Time in Château-d'Oex

On the square clock's dial of the church (of the temple's) square tower in Château-d'Oex, the very evening I arrived, or perhaps the next morning, the hands stopped at eighteen past nine. Several times during the day I checked and rechecked the dial, and I wondered not what ordinary mechanical accident had thus blocked the movement, nor what serious event without obvious connection to it might have reduced the system's normal functioning.

I was just hoping to find out what had happened at the same time as its sudden interruption: death, birth, or anything at all of prime importance in the town's private life, let's say a young girl who discovers all at once under the vague yet pressing quivering she feels, the slope where her capacity for love will finally take on its specific weight, and roll crushing all in its path toward what now seems its forever and always designated aim.

But that's too much a storybook conjecture, for a novel I have a thousand reasons not to undertake.

Perhaps (never mind if this other supposition contradicts what I refrained from doing above) a direct relationship exists between

Peut-être (tant pis si cette autre supposition contredit ce dont je me défendais plus haut) existe-t-il une relation directe entre la syncope de l'horloge et l'abattage de l'arbre colossal qui, m'a-t-on appris, se dressait il y a peu non loin du clocher. Il n'en subsiste que la souche creuse où tiendrait à l'aise, la nuit, un commando de farfadets descendus de la montagne pour le venger.

Qu'en pense la montagne ? Il semble que le débordement de lumière et de chaleur, qui marque cet été de canicule, l'empêche de réfléchir. Avant même neuf heures dix-huit du matin elle s'est déjà presque entièrement dématérialisée. Ce n'est plus qu'une succession de très minces écrans de vapeur qu'on pourrait franchir sans effort, mais sous peine de se transformer soi-même en une pure hypothèse humaine dans l'épaisseur illusoire des massifs.

Vers le soir cependant la montagne reprend de la consistance, redevient cette menace d'ébranlement imminent que contient sa fixité, et qu'elle diffère d'exécuter jusqu'à telle heure prévue (mais pas neuf heures dix-huit) où elle décidera de se remettre en marche. Car on n'ignore pas qu'ici-bas – neuf cents mètres d'altitude, c'est encore ici-bas – rien ne reste jamais immobile qu'en apparence : montagnes, arbres, torrents gelés, et même l'esprit qui obéit aux lois de sa propre orographie, beaucoup moins tolérante qu'il ne le croit.

Mais je reviens à ce grand arbre. La montagne n'a pas pris parti. Elle n'est pas à un arbre près dans ce qu'elle concède aux besoins et fantaisies des hommes. Prend-elle même garde à ses sapins ? Se préoccupe-t-elle de savoir s'ils montent pour l'assaillir ou descendent pour lui faire cortège, et préparer ses premiers pas sur la moquette qui, dans les prairies, adhère étroitement aux moindres ondulations du relief ? On dit parfois que les sapins montent ; parfois on les voit descendre, sans discussion. Ils pourraient servir de test psychologique aidant à définir les tendances fondamentales d'un être foncièrement optimiste (les sapins montent), ou bien et sans recours (ils descendent) dépressif.

the clock's blackout and the cutting down of the huge tree which, so they told me, stood a short while ago not far from the tower. There remains only the hollow stump where, at night, a commando of elves descended from the mountain to avenge it could comfortably keep watch.

What does the mountain think of all this? It seems the excess of light and heat, typical of this scorching hot summer, keeps it from thinking. Even before eighteen past nine in the morning the mountain has almost entirely dematerialized. It's now only a succession of ultra-thin vapor screens one could pass through effortlessly, but at the risk of being transformed oneself into a pure human hypothesis in the massifs' illusory thickness.

Toward evening however it regains consistency, becomes once more this threat of imminent trembling its fixedness contains, and which it puts off carrying out until a particular preordained time (but not eighteen past nine) when it will decide to get moving again. For one cannot overlook how here below – nine hundred meters high is still here below – nothing ever remains motionless except on the surface: mountains, trees, frozen torrents, and even the mind that obeys the laws of its own orography, far less tolerant than it thinks.

But back to this big tree. The mountain didn't take sides. It's not within a single tree's breadth when conceding to human needs and fantasies. Is it even mindful of its pines? Does it even trouble itself to know whether they climb to assail it or descend in proud procession, and prepare its first steps on the carpet which, in the grassy meadows, tightly adheres to the relief's slightest undulations? They sometimes say pines climb; sometimes one sees them indisputably descending. They could serve as a psychological test helping to define the fundamental tendencies of a basically optimistic being (pines climb), or irremediably (they descend) depressive.

Moi je les vois qui simultanément montent et descendent. Les uns, tels des alpinistes hardis et dont les premiers de cordée se sont établis sur les rebords exigus de plates-formes où rien ne manque aux besoins spartiates de leur subsistance, où le vertige est une condition de leur aplomb ; les autres paraissent vouloir se répandre du haut en bas et coloniser toute la vallée.

Dans la montagne qui est par excellence le lieu du pèlerinage parce qu'elle est plus proche des dieux, les sapins sont comme des pèlerins qui volontiers se regroupent en masse, et attendent sous leur capuchon un ordre de l'organisateur. Alors ils ne montent ni ne descendent. Ils attendent avec la patience de foules auxquelles on a promis le salut. Et, à la longue, ils trouvent dans ce rassemblement une assurance et un agrément qui les dispense d'espérer de surcroît des merveilles. Chaque sapin a conscience d'être à soi seul tous les sapins, ce qui explique la sérénité de ceux qui se sont juchés dans des positions d'altitude impossibles, et de ces autres qui se sont détachés de la masse, soit qu'on les ait envoyés là en reconnaissance, soit – mais c'est moins probable – qu'ils en aient eu assez. Mais dans ce cas ils attendent encore et avec le sentiment de leur solitude, tels que des voyageurs perdus, déconcertés, et qui ne savent que changer de place leur ombre comme une valise.

Bien entendu, le cas des sapins d'ornement est plus complexe. Et puis l'arbre dont je parlais n'était pas un sapin, mais un feuillu dont je pense avoir repéré une partie du tronc à l'opposé de la colline du Temple, où elle sert de cabane à outils ou de maisonnette de jeux pour les enfants. Mais je ne voudrais pas me mêler d'affaires locales peut-être délicates. À tout hasard, j'ai rétabli d'imagination cet arbre dans mon croquis. On verra bien si cette initiative obtient un résultat quelconque. C'est-à-dire si la réalité accepte de se conformer à sa représentation théorique.

Je pourrais alors m'attribuer une aptitude à la magie, un certain pouvoir sur la marche du temps. Et, on s'en doute, je ne tarderais pas à essayer de maîtriser ce pouvoir pour qu'il s'exerce en sens

Personally I see them simultaneously climbing and descending. Some, like bold mountaineers and among whom the leaders have set up on the cramped edges of platforms where the spartan needs of their subsistence want for nothing, where vertigo is a condition of their balance; others appear to want to spread from above to below and colonize the whole valley.

In the mountains, inherently an ideal place of pilgrimage thanks to their proximity to the gods, pines are like pilgrims who willingly gather en masse, and await under their capes an order from the organizer. Then they neither climb nor descend. They wait with the patience of crowds who have been promised salvation. And, in the end, they find in this assembly assurance and agreeableness that spares them from hoping for wonders as well. Each pine is conscious of being in itself all pines, which explains the serenity of those perched in impossible altitude positions, and of these others detached from the mass, whether because they have been sent there for reconnaissance, or – but it's less likely – because they'd had enough. But in this case they wait still and with an awareness of their solitude, like lost travelers, disconcerted, and knowing only to change their shadow's place like a suitcase.

The case of ornamental pines is of course more complex. And besides, the tree of which I was speaking wasn't a pine, but a broadleaf a part of whose trunk I think I spotted on the opposite side of the colline du Temple, where it serves as a toolshed or children's games storage hutch. But I wouldn't want to interfere in perhaps sensitive local matters. Just in case, I reestablished this tree from imagination in my rough sketch. We'll see if this initiative obtains any result. That is, if reality agrees to conform itself to its theoretical representation.

I could then attribute to myself an aptitude for magic, a certain power over time's march. And, one can well imagine, I wouldn't delay in trying to master this power in order that it might be exercised in the opposite direction: 9:17, 9:16, 9:15, followed by my

inverse : 9h17, 9h16, 9h15, puis mon arrivée à Château-d'Oex, puis mon départ de Paris à la gare de Lyon, puis la semaine précédente, etc. (où m'arrêterai-je ? Il faut y réfléchir).

Mais on me certifie que j'ai rêvé, que l'horloge a toujours fonctionné avec une parfaite régularité helvétique. Et ce qu'en effet j'ai fini par constater de mes yeux, quelquefois abusés par de captivantes illusions d'optique (un lambeau de laine roux poussé par la bise et qu'ils ont pris pour un renard), c'est qu'il n'y a sur le cadran carré qu'une seule aiguille, en forme de flèche, et qui tourne sans rien perdre de sa rigidité sur le pivot central.

Si la pointe indique bien les heures, on conçoit qu'à midi, par exemple, elle marque midi et demi, et trois heures moins le quart à trois heures. À six heures seulement elle donne l'heure pleine et précise comme deux aiguilles autonomes la donneraient.

Ensuite, donc, à sept heures il est sept heures cinq ; huit heures dix à huit heures ; neuf heures et quart à neuf heures ; à dix heures, dix heures vingt. Ainsi le moment que je croyais s'être figé à cause d'une panne ou d'une intervention mystérieuse a-t-il une double réalité. Plutôt flotte-t-il dans un entier quart d'heure où quantité d'événements ont pu avoir lieu, y compris un malaise de ma montre conventionnelle.

Si tant est qu'ils se fient à ce cadran pour régler des occupations telles que se rendre à la gare, écouter le bulletin de la météo, aller chercher les enfants à l'école ou sortir le rôti du four, j'imagine les habitants de Château-d'Oex rompus à cette gymnastique mentale.

Quant à moi, je ne saurais rien échafauder de solide à partir de ce qui fut sans doute un mirage aggravé d'une erreur d'interprétation. Mais je reste tenté de croire que derrière les jongleries auxquelles il se livre avec cette flèche, le cadran de la colline du Temple a voulu attirer mon attention sur quelque chose de particulier qui se passait à ce moment dans ma vie, et dont je ne comprendrai que plus tard, ou trop tard, ou jamais, le sens de révélation ou d'avertissement.

arrival in Château-d'Oex, my departure from Paris at the gare de Lyon, the previous week, etc. (where shall I stop? It merits reflection).

But I've been assured that I dreamed it all, that the clock has always kept perfect Swiss time. And what I indeed ultimately saw with my own eyes, occasionally misled by captivating optical illusions (a bit of red wool blown by the breeze and which they took for a fox), is that the square clock's dial only has one hand, in the shape of an arrow, and which turns without losing any of its rigidity on the central pivot.

If the tip rightly shows the time, one understands how at noon, for example, it indicates twelve thirty, and a quarter to three at three o'clock. Only at six does it tell full exact time as two autonomous hands would.

Thus, as follows: at seven it's five past seven; ten past eight at eight; a quarter past nine at nine; at ten, twenty past ten. And so the moment I thought had frozen itself due to a mechanical failure or a mysterious intervention has a double reality. It floats rather in an entire quarter of an hour where a great many events can have happened, including a malaise on the part of my conventional watch.

Provided they rely on this dial to regulate occupations such as getting to the station, listening to the weather report, picking up the children from school or taking out the roast from the oven, I imagine the inhabitants of Château-d'Oex used to this mental gymnastics.

As for myself, I couldn't possibly construct anything solid based on what was doubtless a mirage aggravated by an error of interpretation. But I remain tempted to believe that behind the juggling to which it gives itself over with this arrow, the dial of the colline du Temple wanted to draw my attention to something particular that was happening at that moment in my life, and about which I will understand only later, or too late, or never, the sense of revelation or warning.

II. *Clawdia's blues*

On m'héberge royalement dans un grand hôtel datant de l'autre autre siècle et où j'ai souvent la certitude à demi troublante, à demi exaltante d'être le seul client. Quand je sors de ma chambre, je m'attends cependant toujours à croiser Naphta ou Settembrini dans un des long couloirs déserts, et devoir participer avec eux à l'une de ces interminables et fastidieuses conversations qui encombrent *La Montagne magique* de Thomas Mann. C'est plutôt avec Hans Castrop que j'aimerais faire connaissance, et j'apprécierais surtout de rencontrer Clawdia Chauchat. Or j'ai beau m'installer chaque matin devant une des baies qui ouvrent sur un imposant paysage et attendre le grincement symptomatique annonçant l'entrée de Clawdia, jamais rien ne grince, ne crisse, ne craque, ne soupire. Sinon moi qui prends seul mon petit-déjeuner sous l'œil indifférent des dames un peu allégoriques des fresques (à dire vrai, il s'agit de toiles peintes qu'on a marouflées sur les murs), où elles se tiennent monumentales et maternelles. Je retourne ensuite solitaire sur mon balcon.

Où irais-je ? Dans les prairies nettes comme des terrains de golf qui grimpent vers l'immuable indignation de la roche, on ne discerne pas le moindre sentier. Je me sens d'ailleurs d'humeur contemplative, c'est-à-dire paresseuse, et je ne bougerai pas avant que, pour la troisième fois, la petite femme de chambre exotique et souriante me suggère de lui faciliter le travail. Alors je me souviens qu'il y a à Château-d'Oex une gare – et que souhaiter de plus ? Un bureau de poste ? Il y en a un aussi, net et clair comme si on l'avait repeint la semaine dernière, et avec tout un joyeux éventaire de papier à lettre et des enveloppes, mais de la colle, de la ficelle, des carnets, des cahiers, des registres comptables, des feutres, des

II. *Clawdia's Blues*

I'm being put up royally in a grand hotel dating from the other other century and where I often feel the half troubling, half exalting certainty of being the only guest. When I leave my room, I nonetheless always expect to see Naphta or Settembrini in one of the long empty hallways, and to have to share with them one of those endless tiresome conversations that clutter Thomas Mann's *The Magic Mountain*. It's more Hans Castorp I'd like to get to know, and I'd especially enjoy meeting Clawdia Chauchat. But no matter how much I settle each morning in front of one of the areas opening onto an imposing countryside and await the symptomatic creaking announcing Clawdia's entrance, nothing at all ever creaks, squeaks, crackles, sighs. Except myself eating breakfast alone under the indifferent eye of the somewhat allegorical women in the frescos (well, actually, painted canvases mounted on the walls), where they stay monumental and maternal. I then return solitary to my balcony.

Where would I go? In the meadows tidy as golf courses that climb toward the rock's immutable indignation, there isn't the slightest obvious footpath. What's more I'm in a contemplative mood, lazy, that is, and I won't move before, for the third time, the small exotic smiling chambermaid suggests I make her work easier. Then I remember Château-d'Oex has a train station – and what more perhaps? A post office? There's one of those too, tidy and bright as if it had been repainted the week before, and with a whole joyous tray of letter paper and envelopes, but also glue, string, notebooks large and small, accounting ledgers, markers, color crayons. Well then I'll go to the train station after a visit for the sake of it to the post office – a few stamps – and I'll find out about

crayons de couleur. Eh bien j'irai à la gare après une visite de principe à la poste – quelques timbres – et je me renseignerai sur des itinéraires et des horaires. Sur-le-champ, imprimées par l'ordinateur, on me délivrera des fiches où figurent toutes les indications désirables. Je les consulterai, rêverai sur elles, assis confortablement sur le quai : Lausanne, Fribourg, Sion, Sierre, Lucerne… tout en regardant arriver et repartir les petites rames bleues du "Montreux-Oberland bernois" (le MOB) ou celles, un peu tralala, qui paraissent avoir la faveur des vrais touristes, les secouent de la même façon, les laissent vite repus devant leurs fenêtres panoramiques.

Il n'est rien de plus agréable que de voir passer ces trains sinon de les prendre, quelquefois. On y joue au chemin de fer sur des lignes à voie étroite unique, touchantes de hardiesse dans ces reliefs formidablement accidentés où elles se faufilent, s'accrochent, escaladent, virent, dévalent avec l'aisance ingénieuse et réjouissante d'un réseau de modèle réduit. On me ferait tort, et j'en souffrirais beaucoup, si l'on me soupçonnait de vouloir diminuer la Suisse. Mais il m'a semblé que le contraste entre ces chemins de fer et les paysages escarpés où ils circulent s'exerce dans les deux sens. On y éprouve certes encore mieux la puissance majestueuse ou terrible de la montagne ; on craint parfois que le train lilliputien renonce à l'affronter, ou se laisse aspirer sur des pentes vertigineuses, ou bascule dans le vide au prochain tournant. Or non seulement il triomphe de tous ces obstacles, écarte tous ces dangers, mais sa modeste persévérance n'est pas sans effet sur l'orgueil du paysage. Je ne dirais pas qu'il en rabat. Au contraire, j'insiste, son aspect colossal accentue la petitesse de l'échelle où se cramponnent le train et ses voyageurs. En retour cependant, à cette échelle, la montagne elle-même s'adapte d'une certaine façon. C'est ce que j'appellerais un côté "maquette" de la Suisse, où tout apparaît aussi net, rangé et

times and itineraries. On the spot, from the computer, they'll print me slips on which appear all the best places. I'll consult them, dreaming of travel, comfortably seated by the tracks: Lausanne, Fribourg, Sion, Sierre, Lucerne... all the while watching trains come and go, the small blue ones of the "Montreux-Oberland bernois" (the MOB) or those, somewhat frilly, that appear to be favored by the real tourists, shake them in the same way, leave them quickly sated at their panoramic windows.

There's nothing nicer than seeing these trains go by except taking them, sometimes. One plays at riding the rails on single narrow lines, touchingly bold in these fantastically hilly regions where they thread, cling, climb, turn, hurtle down with the ingenious delightful ease of a scaled-down model network. It would do me wrong, and I'd greatly suffer, if I were suspected of wanting to diminish Switzerland. But it seemed to me the contrast between these railroads and the steep countrysides where they circulate works both ways. One certainly experiences still more the mountain's terrible or majestic power; one fears at times the Lilliputian train might forego confronting it, or let itself be sucked in on vertiginous slopes, or topple over the edge at the next turn. Yet not only does it triumph over all these obstacles, brush aside all these dangers, but also its modest perseverance is not without its effects on the countryside's intense pride. I wouldn't say the landscape has thoughts of climbing down from its proud heights. On the contrary, I assure you, its colossal aspect accentuates the smallness of the ladder where the train and its travelers hold tight. In return however, the mountain itself adapts in its way to this special kind of measure. It's what I would call Switzerland's "scale model" side, where everything appears as tidy, arranged and as if willed as in a reproduction, but a reproduction in real dimensions, an enormous model whose scale would at times exceed 1/1. I think

comme voulu que dans une reproduction, mais une reproduction en dimensions réelles, une immense maquette dont l'échelle serait parfois même supérieure à 1/1. Je crois que le foisonnement de drapeaux carrés rouges à croix blanche contribue à cette impression de modèle réduit. Il en flotte sur les toits et dans les jardins, aux balcons et en altitude, propageant l'expression d'un patriotisme qui resserre les liens des gens et des territoires, et que j'approuve au plus haut point. Si j'étais Suisse, je hisserais aussi à ma fenêtre un de ces drapeaux, tandis qu'une ancestrale veulerie de contestation gauloise me ferait regarder comme loufoque ou provocateur tricolore à Paris.

Autre chose d'infiniment appréciable : de longue date hospitalière aux malades des poumons, la Suisse, pays libre, n'en réserve pas moins dans ses trains des voitures aux fumeurs. Les Chemins de Fer Fédéraux conçoivent que l'agrément d'un voyage dépend aussi de la faculté qu'on vous y laisse d'allumer de temps en temps une cigarette (de cet excellent tabac Maryland que la Suisse est une des dernières au monde à proposer sans filtre dans de beaux paquets jaunes), sans s'exposer à des procès et à des menaces de mort.

Je suis toujours sur le quai de la gare. J'ai renoncé à partir aujourd'hui. L'heure du déjeuner approche. Mais le soleil se fait assommeur et, à près de six cents mètres de distance, mon sanatorium de luxe ne tient pas de restaurant. Il n'est d'ailleurs pas moins assommant d'attendre, seul à une table, qu'on veuille bien cesser de prêter tant d'attention à celles qui réunissent deux, trois ou quatre convives. Là-haut, j'aurais guetté le grincement caractéristique de la porte ; j'aurais osé peut-être inviter Clawdia à partager mon repas. Puis à midi je crains autant la vraie que la fausse gastronomie. La meilleure solution me paraît être le supermarché Coop que j'ai remarqué ce matin en contrebas du bureau de poste. Je vais y acheter du pain, trois tomates, deux yaourts, de l'eau minérale, des cigarettes, une bouteille de Goron, et

the profusion of red-squared white-crossed flags adds to this impression. They float on the roofs and in the gardens, on the balconies and at altitude, propagating the expression of a patriotism that strengthens ties between people and lands, and of which I approve to the highest degree. If I were Swiss, I too would hoist at my window one of these flags, while an ancestral Gallic spirit of spineless dispute would make me seen in Paris as being a half-witted clown or a tricolor *provocateur*.

Something else infinitely appreciable: long hospitable to those with lung trouble, Switzerland, a free country, nonetheless reserves cars in its trains for smokers. The Swiss Federal Rail conceives the charm of a trip as also dependent on the option left you of lighting a cigarette from time to time (made of the excellent Maryland tobacco that Switzerland is one of the last in the world to offer filterless in handsome yellow packs), without fear of exposure to lawsuits and death threats.

I'm still on the platform. I gave up on leaving today. It's almost time for lunch. But the sun is crushing and, almost six hundred meters off in the distance, my luxury sanatorium doesn't have a restaurant. It's moreover no less crushing to wait, alone at a table, until they finally stop paying so much attention to the groups of two, three or four guests. Up there, I would have listened for the door's characteristic creaking; I might perhaps have dared invite Clawdia to share my meal. Then at noon I fear true gastronomy as much as false. The best solution appears to be the Coop supermarket I noticed this morning below the post office. I'll go buy some bread, three tomatoes, two yogurts, mineral water, cigarettes, a bottle of Goron, and I'll picnic on the train station platform or, if I have the courage, on my false convalescent balcony. (False? That's going too far: a *vaudois* serenity obliges consideration of having been, before feeling its influence, a bit peaked, and of doing decidedly better and better since two days ago).

je pique-niquerai sur le quai de la gare ou, si j'en ai le courage, sur mon balcon de faux convalescent. (Faux ? J'exagère : une sérénité vaudoise oblige à considérer qu'on était, avant d'en ressentir l'influence, un peu patraque, et que l'on va décidément depuis deux jours de mieux en mieux).

Je dois d'ailleurs avouer que j'aime les supermarchés pour eux-mêmes. Je les ai souvent critiqués d'un point de vue moral et sociologique, en totale contradiction avec mes goûts et mon tempérament. Je suis un consommateur du XXIe siècle typique, sauf en ceci que cette disposition se trouve chez moi renforcée par les années de pénurie que j'ai connues adolescent. Alors dans un supermarché je perdrais facilement la boule, j'achèterais tout et n'importe quoi. Tout est beau et m'y fait envie, surtout ce dont je n'ai aucun besoin. Ces endroits sont des sortes de musées, où l'on aurait le droit d'acquérir à bon compte ce qui y est exposé. Disons "contremusées", puisque le musée fige le temps et que le fonds du supermarché ressortit au fugace. Disons donc "musées de l'instant" à l'instant accessible, consommable, presque aussitôt consommé mais indéfiniment renouvelable sous forme de boîtes de sardines, assiettes en plastique, mouchoirs, savonnettes, romans, salades, serpillières, beurre, cigare, espadrilles, chocolat. Une abondance et une variété miraculeuses. Pauvre miracle, j'y consens, mais à portée de la main et de nombreuses bourses. Miracle dans un site manifestement religieux : tous ces fidèles recueillis accomplissent les mêmes gestes rituels en silence, ne se rassemblent en files que devant la caisse où on leur administre la dernière partie du sacrement : absolution et pénitence.

J'ai donc grignoté sur mon balcon, tablant sur le Goron pour m'aider à franchir en dormant les heures les plus brûlantes de la journée. Si je lis ? Oh, un peu de Nietzsche en guise de café, de Claudel pour les vitamines, de Supervielle pour me rendre plus poreux. C'est bien la peine, n'est-ce pas, de résider dans une région

Besides I must admit I love supermarkets for themselves. I've often criticized them from a moral and sociological point of view, in complete contradiction with my tastes and my temperament. I'm a typical 21st century consumer, except that this disposition is in fact reinforced in me by the years of supply shortage I experienced as a teenager. So I expect in a supermarket I'd easily go crazy, I'd start buying things left and right. Everything is so beautiful there and makes me want some, especially what I don't need at all. These places are in some ways museums, where you almost feel entitled to acquire for a song what's on display. Or, let's say, "counter-museums," since a museum freezes time and a supermarket's collection falls under the category of the fleeting. Let's say then "museums of the instant" whose instants are accessible, consumable, nearly straightaway consumed but indefinitely renewable in the form of sardine cans, plastic napkins, tissues, soap bars, novels, salads, washrags, butter, cigars, espadrilles, chocolate. A miraculous variety and abundance. A poor miracle, I agree, but within the reach of any arm and most wallets. A miracle in a manifestly religious site: all these faithful gathered together perform the same ritual gestures in silence, group themselves in lines only at the register where they are administered the final part of the sacrament: absolution and penance.

So I ate a little on my balcony, counting on the Goron to help me get past the day's most blazing hours by sleeping. Maybe if I read? A little Nietzsche by way of coffee, Claudel for vitamins, Supervielle to make me more permeable to the world. What a waste of time, you're probably thinking, to live in a region renowned for its picturesque quality, and to stay mainly in your room, or on a train station platform or between "shelf spaces" in a supermarket's aisles. But with the mountain leaning at my window of its own accord, why move? I can't see myself in this heat grasping at its formidable sides. Generally I flee more than anything this enemy of

réputée pour son pittoresque, et d'y passer le plus clair du temps dans sa chambre, sur un quai de gare ou entre les "linéaires" d'un supermarché. Mais puisque la montagne vient se pencher d'elle-même à ma fenêtre, pourquoi bouger ? Je ne me vois pas agrippé par cette température à ces parois redoutables. Je fuis en général plus que tout cet ennemi de la contemplation : l'effort physique, et le prêchi-prêcha sur le dépassement de soi par la volonté farouche actionnant le muscle, balançoire que relayent de nos jours les forcenés de "l'extrême" suivis de camions bourrés de caméras, de vivres et d'infirmières. Je ne regrette que les infirmières.

Mais la campagne ? Eh bien, il n'y a pas ici ce que j'appelle une campagne. Il y a ces immenses billards doucement gondolés et posés de travers, plus haut ces fortes densités sapineuses, puis le roc plissé, fâché verticalement. D'ailleurs je n'ai pas découvert l'issue. La ville n'est guère qu'une longue rue, et tout autour s'épanouit sous ses drapeaux rouges à croix blanche une brune floraison de chalets. Leurs jardins paraissent interdire toute évasion vers les prairies. J'aurais pu m'informer. Mais je ne suis pas si bête. Et puis ces gens sont à la fois polis et furtifs. Ils vous saluent, et même un Parisien attrape vite le réflexe de répondre ou de les prévenir. Alors ce sont eux qui répondent, très poliment. Mais la circonstance n'est pas si fréquente. Je l'avais en effet déjà remarqué aux environs de Thonon (il s'agirait donc d'une particularité de la région lémanique, beaucoup de ces résidents semblant avoir leur établissement principal à Lausanne ou Montreux) : ils se claquemurent, ne se déplacent guère qu'en voiture, et assez peu, n'usent même de l'électricité que de manière parcimonieuse. Le soir, on pourrait croire toutes ces maisons en bois, ou plaquées de bois, abandonnées. Quelqu'un de très impressionnable pourrait devenir anxieux. Mais je me sens en parfaite sécurité quand je rentre la nuit à mon grand hôtel magique.

Où ai-je dîné ? Au restaurant de la gare, en me fiant à un juste précepte de Cingria : les frites y sont excellentes, les lenteurs du

contemplation: physical effort, and the moralizing about outdoing oneself by fierce will activating muscle, a seesaw taken over these days by "extreme adventure" addicts followed by vans filled to the brim with cameras, supplies and nurses. I only miss the nurses.

But the countryside? Well, there really isn't here what I'd call a countryside. There are these huge billiard tables gently crinkled and placed sideways, higher up these dense groupings of firs, then the furrowed rock, vertically angry. Moreover I didn't find the way out. The city is hardly more than a long street, and all around it blossoms, under its red flags with a white cross, a brown flowering of chalets. Their gardens appear to prevent any escape toward the prairies. I could have asked around. But I'm not that stupid. And anyway these people are at once polite and furtive. They greet you, and even a Parisian quickly gets the knack for replying or informing them. Then they're the ones who answer, quite politely. But the occasion rarely offers itself. Indeed I'd already noticed it around Thonon (which would make it a particularity of the Lake Geneva region, many of its residents seeming to have their main establishment in Lausanne or Montreux): they shut themselves away, get around almost entirely by car, and fairly little, use even electricity only parsimoniously. In the evenings, it almost seems all these wooden or wood-veneered houses are abandoned. Someone quite impressionable could even become anxious. But I feel perfectly safe when I go home at night to my magical grand hotel.

Where did I dine? At the train station restaurant, trusting a sound precept from Cingria: the fries there are excellent, the slow service made up for by a natural cheerfulness on the waiter's part. What complicated things a bit that evening was a table of Andean Indians who, most likely, are participating in the "world music" festival set up in an open area at the foot of the colline du Temple. There were eight of them, including a young woman of Andalusian ancestry – a Carmen – and a sort of old sachem who looked Iroquois. He was the only one who, reluctantly, consented to the

service rachetées par un enjouement naturel du serveur. Ce qui compliquait un peu les choses, ce soir, était une tablée d'Indiens des Andes qui, probablement, participent au festival de "world music" installé dans un terrain vague au pied de la colline du Temple. Ils étaient huit, dont une jeune femme d'ascendance plutôt andalouse – une Carmen – et une sorte de vieux sachem à l'allure iroquoise. C'est le seul qui, avec réticence, ait consenti à articuler, en je ne sais quelle langue, quelques phrases que semblait comprendre le patron. Les sept autres n'ont pendant plus d'une heure pas prononcé une seule syllabe, pas fait un geste qui n'obéît à à la stricte nécessité de boire et de manger. Ils avaient l'air de ne pas s'apercevoir de leur propre présence. Et cela me rappelait un peu la suprême section d'anches d'Ellington dans les années soixante, où – en dehors de Harry Carney – tout le monde avait l'air de faire la gueule en permanence. Un de ces Indiens, de profil, ressemblait d'ailleurs beaucoup à Johnny Hodges. Je les ais revus ce matin dans le terrain vague, occupés à tirer d'une camionnette, immatriculée en Allemagne, des accessoires folkloriques en plumes et paillettes provenant d'un supermarché de Cuzco, peut-être, ou de Cochabamba, ou Francfort.

Une vaste tente comme insonorisée a étouffé les échos de cette "world music". Je n'aurais de mon côté dérangé personne si j'avais seulement osé soulever le couvercle du piano qui trône dans le grand salon de l'hôtel. Mais c'est à peine si je suis capable de retrouver les accords du blues et le début d'une *Gnossienne* de Satie. J'aurais pourtant bien aimé faire danser le fantôme de Clawdia Chauchat au clair de lune.

articulation, in I don't know what language, of a few phrases the owner seemed to understand. The seven others didn't for over an hour pronounce a single syllable, didn't make a single gesture diverging from the strict necessity of eating and drinking. They seemed not to notice their own presence. And it reminded me somewhat of Ellington's ultimate reed section in the sixties, where – apart from Harry Carney – everyone seemed to be permanently sulking. One of these Indians, in profile, moreover greatly resembled Johnny Hodges. I saw them again this morning in the open area, busy pulling from a small van, registered in Germany, folk accessories in feathers and spangles from a supermarket in Cuzco perhaps, or Cochabamba, or Frankfurt.

A vast tent as if soundproofed muffled the echos of this "world music." As for myself I wouldn't have bothered a soul if I'd merely dared raise the lid of the piano sitting imposingly in the hotel's grand ballroom. But I can barely remember blues chords and the beginning of a *Gnossienne* by Satie. It would have been nice though to make the phantom of Clawdia Chauchat dance in the moonlight.

III. *Le Bionet*

Ce vieillard raviné m'observe sans tendresse.
Il pourrait être un assassin.
Farouche et sans remords sa figure se dresse –
Dans quel sombre dessin ?
Je le vois souverain de légende : un Hérode
Impitoyable à l'innocent.
Le vent seul le domine et lentement l'érode.
Qui sait ce qu'il ressent
Quand le soleil le brûle et quand sa pierre éclate
Sous les poings contractés du gel ?
Mais l'aurore fait rose et le soir, écarlate,
Ce monument de sel.
Rien ne peut l'émouvoir, rien de lui ne transpire.
S'il fond peu à peu dans l'azur,
Roide roi de l'abîme, il sait que son empire
Durera plus que sur
Son balcon le passant fugitif qui le toise
Et qu'il regarde de travers
(Lui que rien n'apprivoise)
Avec la dérisoire échelle de ses vers.

III. Le Bionet

The old furrowed man observes me without tenderness.
He could be an assassin.
His face looms fierce, remorseless –
With what dark plan?
I see him sovereign, legendary: a Herod
Pitiless to the innocent,
By the wind alone dominated and slowly eroded.
Who knows what effect
It has when the sun burns him or when his stone is split
By the frost's contracted fists?
But the dawn renders pink and the evening, scarlet,
This salt monument, emotionless,
Moved by nothing, of whom nothing perspires.
If he melts little by little into the azure sky,
Stiff king of the abyss, he knows his empire
Will last longer than the fugitive passerby
On his balcony who eyes him with disdain,
Watched as if paying no mind
(By him whom nothing tames)
To the laughable scale of his lines.

IV. L'Aigle

Un aigle. J'ai vu un aigle. C'était un aigle. Je ne suis pas un grand connaisseur en matière de rapaces, mais c'est bien un aigle que j'ai vu.

Je ne l'aurais pas confondu avec un vautour, espèce sans doute rare dans les Alpes, ni avec un condor qui dans les Alpes n'existerait pas. Et demeurons logiques : si je croyais avoir vu un condor, ce serait la preuve formelle qu'il s'agissait bien d'un aigle. J'admets qu'un citadin imaginatif puisse se laisser abuser. Alors : une buse ? Allons donc. Je sais tout de même ce que c'est qu'une buse. J'ai circulé dans des campagnes où l'on en rencontre qui se reposent partout sur les piquets. Et puis la buse évolue en couple. Un milan, un faucon crécerelle, un épervier ? Je vous en montrerais à Paris.

Non, tout – envergure, plumage, comportement en vol – répondait à une définition irrécusable de l'aigle.

D'ailleurs, une autre personne – un monsieur belge que définissait lui-même son accent – passait à ce moment sur la route avec ses deux paires de jumelles. C'est-à-dire deux jeunes filles d'une quinzaine d'années se ressemblant comme des soeurs, et d'énormes binoculaires suspendues par une courroie de cuir à son cou. Nous avons levé par hasard la tête ensemble (un dieu nous avait avertis) et nous nous sommes dit presque en même temps (moi avec une seconde d'avance) : "Un aigle ! Vous avez vu ?" Il a ajouté "oui, oui, un aigle" et, après vérification à travers ses lunettes d'approche peut-être plus encombrantes que puissantes, il m'a prêté l'instrument, et j'ai vu l'aigle comme je vous vois, mais sans pouvoir l'observer aussi longtemps que j'aurais souhaité le faire, car il m'a paru courtois de tendre les jumelles à l'une des jeunes filles qui les a, comme si elles brûlaient, passées aussitôt à sa soeur qui les a, comme si elles étaient sales, recollées entre les mains de son père qu'était vraisemblablement ce monsieur.

Voir un aigle, à l'évidence elles s'en foutaient. Ou peut-être (et

IV. The Eagle

An eagle. I saw an eagle. It was an eagle. I'm not a great expert on birds of prey, but it's definitely an eagle I saw.

I wouldn't have confused it with a vulture, most likely a rare species in the Alps, nor with a condor, which wouldn't exist in the Alps. And let's be sensible: if I thought I'd seen a condor, it would be the formal proof that it was indeed an eagle. I admit an imaginative city dweller might willingly be misled. In which case: a buzzard? Really now. I do know what a buzzard is. I've been around in countrysides where one sees them, resting everywhere on posts. And anyway buzzards fly in pairs. A kite, a kestrel falcon, a sparrowhawk? I'd show you those in Paris.

No, everything – wingspan, feathers, behavior in flight – fit an indisputable definition of the eagle.

Moreover, someone else – a Belgian gentleman whose accent itself defined him – was passing by just then on the road with his several pairs of eyes. That is, two young girls of about fifteen who resembled each other like sisters, and enormous binoculars hanging from his neck by a leather strap. We raised our heads by chance together (a god informed us) and we said to ourselves at nearly the same time (myself with a second's lead): "An eagle! Did you see?" He added "yes, yes, an eagle" and, after checking through his lenses perhaps more bulky than strong, he lent me the device, and I saw the eagle as I see you, but without being able to observe it as long as I would have liked, as it seemed courteous to offer the binoculars to one of the young girls, who handed them straightaway as if they were burning to her sister, who stuck them back, as if they were dirty, into the hands of her father who this gentleman likely was.

The two of them obviously couldn't have cared less about seeing an eagle. Or, perhaps (and small as the audience was in this case, but I alone embodied its paralyzing presence), they didn't dare indulge in public in the vaguely improper act for young girls of too

si peu nombreux qu'il fût en l'occurrence, mais j'en incarnais la présence paralysante à moi seul), n'osaient-elles se livrer en public à cet acte vaguement incorrect qu'est un trop vif mouvement de curiosité de la part des jeunes filles. Ou bien, si ce monsieur était bien leur père, entendaient-elles ainsi le dépiter en marquant leur indifférence un peu agressive, comme il arrive chez tant d'adolescents. Elles contenaient mal en effet un mince sourire d'ironie condescendante, tandis que cet excellent homme et moi nous repassions les lunettes et manifestions par des exclamations répétées notre émoi. C'était certes un peu perrichonesque, mais l'événement tissait déjà entre lui et moi des liens assez différents de ceux de l'amitié, qui se déclare en général progressivement si elle a parfois ses coups de foudre. Nous avions le sentiment d'appartenir à une confraternité d'élus : nous avions vu l'aigle.

Ainsi naissent les religions révélées et leurs martyrs. Nous aurait-on menaçait du fer, du feu, de l'huile bouillante, nous aurions persisté : "c'était un aigle, l'Aigle, je l'ai vu. Et avec moi se trouvait ce frère belge, et il l'a vu aussi, et il n'y a pas à en démordre". Nous n'aurions pas réagi de la même manière si nous avions vu surgir sur la route un tigre des neiges ou un ours. Nous aurions pris la fuite, et les deux péronnelles n'auraient pas eu l'occasion de prendre leurs grands airs. Mais un aigle réunit l'étrangeté de la sauvagerie animale et, tout aussi impénétrable, celle d'un dieu. Il est une menace qui plane mais n'est pas immédiate, qui se manifeste bien qu'elle semble nous ignorer. C'est pourquoi l'aigle inscrit dans le ciel des présages. Pour les interpréter, il convient avant tout de savoir s'il vient de la droite ou de la gauche. Celui-là se tenait juste au-dessus de nous, et la surprise causée par son apparition nous avait bousculés de telle manière que droite et gauche avait perdu leur sens. Ce que son vol présageait pour moi demeurait un énigme, comme l'heure que j'avais cru fixée par l'horloge de la colline du Temple.

Mais il fallut nous séparer, car ce monsieur et ses filles se rendaient à la gare, et elles consultaient maintenant leurs montres

quickly expressing interest. Or else, if this gentleman was indeed their father, they meant to vex him by registering their somewhat aggressive indifference, as happens with so many teenagers. And in fact they could hardly suppress a thin smile of condescending irony, while this excellent man and myself passed the lenses back and forth and indicated our emotion with repeated cries. It was certainly a scene from the travels of good old Monsieur Perrichon, but the event was already forging ties between the two of us fairly different from those of friendship, which generally declares itself progressively even if it can sometimes occur in a flash. We had the feeling of belonging to a collegial club for the chosen few: we had seen the eagle.

This is how revealed religions and their martyrs are born. Had we been threatened with irons, fire, boiling hot oil, we would still have persisted: "an eagle, the Eagle, I saw it, I'm telling you. My Belgian friend was with me, he saw it as well, I assure you it's all true." We wouldn't have reacted the same way if a snow tiger or a bear had appeared suddenly on the road. We would have run away, and the two silly geese wouldn't have had the chance to put on their lofty airs. But an eagle combines the strangeness of animal savagery with, every bit as impenetrable, that of a god. It's a threat that floats above us but isn't immediate, that indicates its presence even though it seems unaware of our own. This is why the eagle inscribes omens in the sky. To interpret them, the main thing is to know whether it's coming from the right or from the left. This one was hovering just above us, and the surprise caused by its appeareance had shaken us in such a way that right and left had lost their meaning. What its flight foretold for me remained a mystery, as with the time on the clock of the colline du Temple that seemed to have stopped.

But we had to part, for this gentleman and his daughters were going to the train station, and the girls were now consulting their watches, nervous. I imagine at the very moment I'm composing my

avec nervosité. J'imagine qu'au moment même où j'en rédige le compte-rendu sur cette page, il raconte cette histoire à Bruxelles, Liège ou Namur, invoque mon témoignage (et elles se moquent de lui).

Par la suite, j'ai vu un autre aigle, puis un troisième et l'on m'a assuré que c'était un phénomène assez courant, que si j'allais plus haut dans la montagne, par exemple vers les Diablerets, j'aurais même quelques chances d'apercevoir les gypaètes. Je me le suis tenu pour dit. Je n'ai plus cherché à me rendre intéressant avec mon aigle. Mais je l'ai vu. Il y a dans ma mémoire un pan de ciel où il plane toujours.

V. *Les vaches*

On ne saurait dire que la vache est le contraire de l'aigle. Mais ils se ressemblent peu, n'ont aucune chance de pouvoir établir entre eux le genre d'échange que j'ai eu avec ce monsieur wallon (et déjà moins significatif avec ses deux chipies).

A la rigueur un aigle se repaîtra de la carcasse d'une vache tombée dans un ravin ; à l'extrême, une vache encornera un vieil aigle affamé qui menace de s'en prendre à son veau. Ce ne sont pas de vrais rapports de sympathie.

Il ne faut cependant pas écarter par principe le tableau représentant, côte à côte, une vache et un aigle observant un être humain avec curiosité. Cela ressortit à la fable, moyen poétique et civilisé de résoudre ou d'escamoter le problème que nous posent le silence et l'indifférence apparente des animaux.

La distinction à opérer entre sauvage et domestique n'est pas ici de nature mais de degré. L'aigle affiche sa sauvagerie, la vache l'a enfouie sous une quasi totale servilité. Mais elle n'en rend ainsi le mystère animal que plus sensible. Le chien et même le chat sont un

account on this page, he's telling this story in Brussels, Liège or Namur, insisting on what I too witnessed (and the girls are making fun of him).

Afterward I saw another eagle, then a third and I was told it was a fairly common occurrence, that if I went higher up on the mountain, for example toward les Diablerets, I might even see the bearded vultures. I took their word for it. I stopped trying to make myself interesting with my eagle. But I saw it. In my memory there's a patch of sky where it still floats.

V. Cows

It would be hard to say the cow is the eagle's opposite. But they little resemble each other, haven't the slightest chance of establishing between them the kind of exchange I had with this Walloon gentleman (and certainly less meaningful with his two pouty daughters).

There's a faint possibility an eagle will gorge on the carcass of a cow fallen into a ravine; in an extreme situation, a cow will gore an old starved eagle that threatens to attack its calf. These aren't exactly sympathetic ties.

One mustn't however dismiss on principle the picture where, side by side, a cow and an eagle observe with curiosity a human being. This falls under the category of the fable, a poetic, civilized way of resolving or avoiding the problematic question of animals' silence and apparent indifference.

The distinction to be made between wild and domestic isn't one of nature here but of degree. The eagle flaunts its wildness, the cow has buried it under a near-total servility. But the cow thus makes the animal mystery all the more noticeable. Dogs or even cats are a bit too intelligent: to the point of making us assume in

peu trop intelligents : au point, par l'effet d'un mimétisme, de nous faire supposer qu'ils partagent un peu nos pensées et nos émotions.

Il y a bien longtemps que je n'avais approché une vache. Depuis l'époque où j'allais les conduire "en champs", comme on disait dans ce village de Bourgogne, et prendre garde ensuite qu'elles n'allassent pas s'aventurer et se piquer le nez dans les vignes (j'ai lu plus tard sur le sujet – mais les raisins n'y sont que des pommes – un très joli poème de Frost). Toutefois ces vaches-là faisaient en somme partie de la famille au sens le plus large. On leur parlait. (Et peut-être répondaient-elles : une part de fable a sa place dans le monde que conçoivent les enfants).

Les autres (les autres vaches), celles qu'adulte j'apercevais de plus ou moins loin en passant sur la route, avaient le double mérite de me rappeler cette période bucolique de ma vie et d'apporter dans le paysage un ton pastoral apaisant.

Aujourd'hui, à treize cents mètres d'altitude, j'ai l'impression de voir des vaches pour la première fois. Et si elle est moins soudainement saisissante, elle n'est pas moins profonde que celle qu'un aigle peut causer. Elle est à l'origine des fables qui animent la mythologie. Si personne ne s'en était occupé longtemps avant moi, j'en inventerais sans doute une. Je me défends mal de croire que les bêtes (et même les arbres, tel celui qu'on a abattu à Château-d'Oex) en savent beaucoup plus long que nous, ce qui explique leur silence comparable à la distance des dieux. Bien sûr elles meuglent ou glatissent. Mais ces cris ressemblent au serment sonore et renouvelé d'un pacte avec les Puissances, et à une injonction. Ils nous disent simplement : "Écoute". Écouter quoi ? Le silence, rien. Le mystère ? Tout est visible, évident. On sent la vie en soi comme une taupe, un furet, mais l'aigle plane et la vache rumine. La lumière s'en va.

A cinquante mètres, derrière le chalet, on bavarde et l'on débouche des bouteilles. Je ne peux décidément pas m'attarder plus longtemps dans ce pré dont j'aurai soin de bien refermer la barrière. Ainsi, imperceptiblement, aurai-je un peu participé à la liturgie du

their unconscious imitation they share somewhat our thoughts and emotions.

I hadn't for quite a long time gone near a cow. Since the days where I used to go lead them "to pasture," as they used to say in the village in Bourgogne, then take care they didn't venture into and prick themselves in the vineyards (I later read in this regard – but where grapes are only apples – a lovely poem by Frost). However, these particular cows were in sum part of the family in the broadest sense. People spoke to them. (And perhaps they replied: a share of fable has its place in the world children conceive).

The others (the other cows), those I noticed from more or less far away as I passed by on the road, had the twin merit of reminding me of this bucolic period in my life and of bringing to the countryside a soothing pastoral tone.

Today, at thirteen hundred meters high, I feel like I'm seeing cows for the first time. And if this impression is less suddenly gripping, it's no less profound than that which an eagle can cause. It's where mythological fables originate. If no one had bothered for a long time before me, I most likely would have invented one. It's hard for me to keep from believing animals (and even trees, like the one they cut down in Château-d'Oex) know far more than we do, which explains their silence comparable to the gods' distance. Of course they moo or call out. But these cries resemble the oath all in sound and always renewed of a pact with the Powers, and an injunction. They tell us simply: "Listen." Listen to what? Silence, nothing. Mystery? Everything's visible, obvious. One feels life in oneself like a mole, a ferret, but the eagle floats and the cow ruminates. The light fades.

Fifty meters off, behind the chalet, they're chatting and uncorking bottles. I definitely can't stay any longer in this meadow where I'll make a point of closing the gate again. In this way, imperceptibly, I'll have participated somewhat in labor's liturgy which, from season to season, orchestrates these cows' movement.

labeur qui, de saison en saison, orchestre les déplacements de ces vaches. C'est parfait, un instant d'exaltation, mais j'ai moi aussi envie de bavarder et de boire un verre. J'y vais. Encore cinq minutes et j'irai.

Une vache me considère, se laisse frotter le poil entre les cornes, caresser le mufle, humer le museau. C'est comme si je respirais les entrailles de la terre-mère, tandis que le ciel à peine assombri plane et couvre de ses ailes transparentes tout le plateau. Un immense vrai plateau onduleux, cabossé, pareil à l'effondrement sur place d'un vieux tremplin géologique sous les cimes qui assistent, abandonnant tout l'espace nécessaire à l'exercice de sa liberté. Et il en profite. Court immobile, vibre sans rebondir. On dirait qu'il bat des ailes, lui aussi, autre grand aigle d'herbe et de roc sous le grand aigle céleste. Et, entre les deux, la vache rousse impassible, pesante, méditative qui m'observe et m'inclut dans sa métamorphose du monde en lait.

Château-d'Oex – Paris,
août-septembre 2003.

It's perfect, a moment of exaltation, but I'd like to chat and drink a bit myself. I'm off. Another five minutes and I'll go.

A cow studies me, doesn't mind being rubbed between the horns, stroked along the muzzle, breathed in deeply by the mouth. It's as if I were inhaling the innermost womb of the earth-mother, while the barely dark sky floats and covers the whole plateau with its transparent wings. A huge true undulating plateau, dented, like the collapsing in place of an old geological springboard under the peaks that stand as witnesses, giving up all the space needed for it to exercise its liberty. And it takes advantage. Runs motionless, vibrates without moving again. You could almost say it's beating its wings, it too, another great eagle of grass and rock under the great celestial eagle. And, between the two, the impassive russet cow, heavy, meditative, that observes me and includes me in its metamorphosis of the surrounding world into milk.

Château-d'Oex – Paris,
August-September 2003.

Stade Ham
B.p of°
Bremen
Bremen
Verden
Luneb
Hano
B.
Wolfen
Be
of
Hildesheim
butten

Mühlhausen
Erfurt
Eisenach

stadt
B.p of
Bamberg
Bamberg
g.

h. Nur
Nenk

Pappenheim

RAU

Allemagne / Germany

Le noir et l'or de Dresde

Ramener le souvenir qu'on a d'une ville à une ou deux couleurs, à condition de pouvoir jouer d'un infini de nuances, rien de plus facile pour une mémoire qui, sur les impressions qu'on reçoit, agit comme un solvant et n'en garde qu'une quintessence. En observant de plus près cette couleur, on ne tarde pas toutefois à y distinguer des contrastes, des plans d'ombre et de clarté. Peu à peu des volumes se prononcent, s'accusent, précisent des reliefs et semblent appeler entre leurs masses plus ou moins denses l'amorce de mouvements qu'a précédés le passage de certaines zones du jaune à l'orange, du bleu vers le violet ou le vert. Des détails alors se détachent et prennent une croissante autonomie : c'est la vie de nouveau qui circule avec toute une variété particulière de ses couleurs.

Après beaucoup de voyages, on pourrait donc réunir les villes qu'on a visitées sous le thème de l'arc-en-ciel. Mais le noir et le blanc y manquent, et ce sont pour moi des couleurs, aussi l'argent et l'or que je n'assimile pas au blanc et au jaune, parce qu'ils sont plutôt des modes extatiques des grandes fondamentales et de leurs innombrables variétés. Et Dresde, le nom de Dresde, font se lever en moi un brouillard qui se dissipe aussitôt sur un fond noir et or. Mais l'apparition de certains ors et de certains noirs me rappelle le nom de Dresde. Tel est mon blason personnel de cette ville, le pavillon que j'y vois flotter et sous lequel des images moins abstraites se reconstituent.

Dresden's Black and Gold

To reduce what one remembers of a city to one or two colors, provided the nuances can be made infinite, nothing could be easier for a memory that acts on received impressions like a solvent and only retains a quintessence. In observing this color more closely, one soon however finds contrasts, areas of shadow and light. Little by little volumes assert themselves, grow pronounced, reveal contours and seem to call forth among their masses of varying densities the beginning of movements that the passage of certain zones from yellow to orange, from blue to purple or green, preceded. Details then stand out and take on increasing autonomy: it's life once again circulating with a whole particular variety of its colors.

After much traveling, one could thus reunite the cities visited under the theme of the rainbow. But black and white remain missing, and for me these are colors, also silver and gold which I don't put in the same category as white and yellow, because they're more ecstatic modes of the great fundamentals and of their countless varieties. And Dresden, along with the name of Dresden, makes a mist rise in me that quickly dissipates against a background of black and gold. But at the same time, the other way around, the apparition of certain golds and blacks reminds me of the name of Dresden. Such is my personal blazon of this city, the flag I see flying there and under which less abstract images regroup.

Gold, undoubtedly, owing to autumn's luminosity that

L'or, sans doute, en raison de la luminosité de l'automne cette année-là, et si intense que j'avais d'abord envisagé de quitter Leipzig pour le nord et le rivage de la Baltique, puis y renonçant par crainte d'une trop prévisible dégradation du temps en cette saison. Je pris donc la direction contraire vers Dresde. J'en connaissais un peu l'histoire et les grands monuments, mais par des livres. Et puis le cataclysme qui, en 1945, l'avait frappée, d'où provenait peut-être le noir du blason, ce noir de longues nuits de mort obscurci par l'or et le feu des incendies. Sur ce point je n'imaginais rien : j'avais vu de nombreux documents exhibés par les auteurs mêmes du ravage. Cependant je n'allais pas me recueillir sur un site ensanglanté et brûlé par l'histoire, cette folie collective chronique qui tient au bout du compte égaux les plateaux de la balance des malheurs. A Dresde, l'impartial tribunal des fous pourra toujours opposer Cantorbéry, Nankin à Hiroshima, Oradour à combien de villages ? Autre fou, j'espérais simplement que plus d'un demi-siècle aurait effacé, sinon le souvenir, du moins une part des traces laissées dans la pierre qu'on ressuscite ou remplace plus facilement que la chair de quarante mille âmes sacrifiées sans nécessité. (Et que verrais-je ? De vilaines cartes postales gonflées d'une pustule en plastique transparent et contenant un caillou censé tiré des ruines de Dresde. Pourquoi pas un bout d'os ? Peut-être parce que les os ne résistent pas au phosphore.)

Non : j'allais vers la Dresde du XVIIIe siècle en sachant qu'elle n'existait plus, mais en me promettant de ne voir qu'elle à travers ce qui en avait survécu et qu'on avait pu en reconstruire. En définitive je vis Dresde à peu près telle qu'elle était environ dix ans après la chute de la République Démocratique Allemande, et le site symbolisé par le blason que j'ai décrit, mais sans recourir aux méthodes de l'héraldique, car l'or et le noir y sont en quelque sorte indissolublement mêlés. Deux villes, en somme, et qui chacune à sa manière absorbaient l'or que le ciel leur dispensait. Et une Dresde surtout vespérale, alors que je conserve, d'autres villes, des couleurs

particular year, and so intense I'd at first contemplated leaving Leipzig for the north and the Baltic shore, before giving up on the idea for fear of an all too likely downturn in the weather. So it was that I went in the opposite direction, toward Dresden. I knew something of its history and great monuments, but through books. And of the cataclysm that had struck in 1945, perhaps the origin of the blazon's black, the black of long nights of death darkened by the gold and fire of the blazes. In this respect I wasn't imagining a thing: I'd seen numerous documents displayed by the ravages' very perpetrators. Nonetheless I wasn't going to go and meditate at a site bloodied and burned by history, that chronic collective madness that ultimately keeps about equal both sides of the scales of unhappiness. The impartial judgment of the mad will always be able to contrast Dresden with Canterbury, Nankin with Hiroshima, Oradour with how many villages? Among the mad myself, I simply hoped more than a half century would have erased, if not the memory, at least a part of the traces left in the stone, which is revived or replaced much more easily than the flesh of forty thousand souls sacrificed needlessly. (And what would I be likely to see? Ugly-looking postcards swelled with a see-through plastic pimple containing a fragment supposedly taken from Dresden's ruins. Why not a piece of bone? Perhaps because bones aren't phosphorus resistant.)

No: I was going toward 18th century Dresden, knowing full well it no longer existed but promising myself to see it alone by way of that which had survived and which had been reconstructed. Ultimately I saw Dresden more or less as it was about ten years after the fall of the German Democratic Republic, and the site symbolized by the blazon I described, but without resorting to the methods of heraldry, where gold and black are to an extent indissolubly mixed. Two cities, in sum, and that each in its way absorbed the gold the sky dispensed to them. And a Dresden especially characterized by evening, whereas I've retained from

associées à d'autres heures du jour (l'ocre matinal de Rome, le blanc de Modène après midi). Et sous ou dans cet or uniformément répandu, le noir qui leur était commun avec des intensités différentes.

Je songe à une promenade que j'entrepris le premier soir, à partir de l'hôtel où j'avais réservé une chambre, non loin de la gare que je ne me représente plus. Si elle n'a pas été elle aussi anéantie, c'est moi qui ai mentalement supprimé le nouveau bâtiment posé devant ce que je n'ose appeler une esplanade. Plutôt un immense terrain vague en pleins travaux depuis cinquante ans, coupé de monticules de gravats, de tranchées, de barrières délimitant des couloirs de circulation trop étroits pour la ruée d'une foule muette. Puis une très large avenue, des deux côtés de laquelle je reconnus le genre d'édifices prétendus fonctionnels qu'on a dressés partout au monde sur les terrains labourés par des bombes et nivelés par les bouldoseurs. La hâte, une pénurie d'inventivité et de ressources matérielles, ici associées à une ambition de majestueuse ampleur. C'est-à-dire le pire dans le ratage, la majesté prise en otage par la médiocrité, comme une grande tragédienne projetée à demi-nue sur la scène et contrainte d'y déclamer un texte solennellement plat dans les courants d'air des coulisses. Mais comme l'après-midi était déjà bien avancé, je suivis cette avenue tout droit vers le centre "historique" où je comptais m'attarder et dîner, ce dont je fus empêché pour avoir oublié à l'hôtel mon portefeuille avec de l'argent liquide et ma carte de crédit. N'importe. La prudence même me conseillait d'aller le chercher, mais sans avoir à reparcourir en sens inverse la déprimante avenue. Et en me reposant un peu trop sur mon flair, je pris à droite, bien conscient de ne pas emprunter un raccourci, plutôt le contraire qui n'a pas de terme dans le langage usuel. Détour, peut-être, par un large demi-cercle qui me ramènerait nécessairement à mon point de départ, et

other cities colors associated with other times of day (Rome's morning ochre, Modena's white in the hours after noon). And under or within this uniformly widespread gold, the black common to them in different intensities.

I'm thinking of an extended walk I took the first evening, from the hotel where I'd reserved a room, not far from the train station I can't seem to picture anymore. If that wasn't also wiped out, it's me who mentally did away with the new building placed before what I don't dare call an esplanade. More a huge open area undergoing alterations for fifty years now, broken up by mounds of rubble, by trenches, by barriers delimiting traffic corridors too narrow for the rush of a silent crowd. Then a very broad avenue, on both sides of which I recognized the kind of allegedly functional edifices put up all over the world on the grounds ploughed up by bombs and leveled by the bulldozers. Haste, a lack of inventiveness and of material resources, here combined with an aspiration toward majestic scale. In other words the worst kind of mess, majesty held hostage by mediocrity, like a great tragic actress sent out half-naked onstage and compelled to declame a solemnly flat text there in the draft of the wings. But as it was already fairly late in the afternoon, I followed this avenue straight ahead toward the "historical" center where I was planning to linger and have dinner, which having forgotten my wallet at the hotel along with some cash and my credit cards prevented me from doing. Never mind. Caution suggested I go get it, but without having to go back in the opposite direction along the depressing avenue. And relying a bit too much on my sixth sense, I turned right, well aware I wasn't taking a shortcut, in fact its opposite which doesn't have a corresponding term in everyday language. Detour, maybe, by making a wide half-circle that would necessarily bring me back to where I started from, and which I took at a good pace in an almost

où je m'engageai d'un bon pas dans une étendue presque champêtre que les rayons horizontaux du soleil couchant doraient. Cependant de place en place, le rameau arrondi sur lequel j'avais choisi d'avancer se divisait en amorces de courbes secondaires, dont les unes paraissaient devoir me reconduire en arrière et les autres m'écarter de mon but. Mais ce n'était pas si simple. Ce qui me semblait à l'évidence l'axe principal pouvait aussi très bien me leurrer et, en en corrigeant tour à tour à l'estime les déviations possibles, je préférai m'aventurer sur des arcs dont l'amplitude ne risquait pas de me rabattre en direction de l'Elbe ou de me dérouter tout à fait. Et dès que se prononçait de leur part une velléité de ce genre, une nouvelle tripartition ne tardait pas à m'offrir un moyen de résoudre intuitivement le dilemme. Je louvoyais.

Cela ne me serait jamais arrivé dans une ville véritable. Il faut en effet comprendre que dans une ville véritable, maisons et autres édifices marchent aussi, obéissent à des tropismes que l'observation, l'expérience ou l'instinct permettent de détecter. Ce quartier de Dresde n'appartenait donc pas à une ville véritable. Ce n'était qu'un autre démesuré terrain vague où, sur plans et d'un compas aux caprices laborieux, des urbanistes paysagers avaient éliminé la notion de centre au profit d'une communication tournoyante du vide avec le vide dans un parc avorté, sous l'œil lointain d'immeubles ou groupes d'immeubles dispersés dans cette friche assez bien entretenue avec ses bouquets d'arbres et son labyrinthe d'asphalte. Ce n'est pas que plusieurs fois je n'aie envisagé de couper à travers la prairie. Mais d'abord, n'est-ce pas, je me trouvais en Allemagne, et l'on ne sait jamais quel implicite *verboten* peut peser sur une initiative contraire à un règlement ou à des habitudes. Et puis au fond la nature de ce trajet sinueux commençait de m'intéresser, et peut-être à m'influencer de telle manière que, si je m'étais affranchi de ce qui ressemblait aux circonvolutions d'une pensée alambiquée mais sûre de son dessein secret, ma progression s'en serait ressentie et n'aurait que

rural expanse gilded by the setting sun's horizontal rays. Yet from place to place, the rounded branch along which I'd chosen to advance divided itself into beginnings of secondary curves, some of them seeming likely to lead me backward and others to keep me away from my goal. But it wasn't so simple. What seemed the obvious main axis could also quite well deceive me and, by correcting alternately by rough estimates the possible deviations, I chose instead to venture onto arcs whose amplitude didn't risk driving me toward the Elbe or diverting me altogether. And as soon as on their part a vague impulse of this kind asserted itself, a new tripartition soon offered me a means of intuitively resolving the dilemma. I was tacking.

This would never have happened in a true city. It's essential to understand that in a true city, the houses and other edifices walk too, respond to tropisms detected through observation, experience or instinct. This Dresden neighborhood thus didn't belong to a true city. It was only another vast open area where, on maps and with compasses given to laborious whims, urban landscape planners had eliminated the notion of a center in favor of a swirling communication of emptiness with emptiness in an aborted park, under the distant eye of buildings or groups of buildings scattered within this fairly well maintained fallow land with its bouquets of trees and its asphalt labyrinth. It's not that I didn't contemplate several times cutting across the prairie. But first, as you can see, I was in Germany, and there's no telling what implicit *verboten* can weigh down on an initiative that goes against rules or customs. And besides, the nature of this sinuous trip was really starting to interest me, perhaps to influence me in such a way that, if I'd freed myself from what resembled the convoluted twists and turns of thought sure of its own secret design, my progression wouldn't have felt up to it and would only have falsely followed a straight line. I also could have asked. But – it's possible my memory in turn is going astray – I don't recall having seen a car, a cyclist or another

trompeusement épousé la ligne droite. J'aurais pu aussi me renseigner. Mais – il se peut que ma mémoire à son tour se dévoie – je ne me rappelle pas avoir rencontré une voiture, un cycliste ou un autre piéton dans cet espace où la lumière, en se retirant, ne laissait derrière elle que champs de cendre. Donc devant moi ce n'était pas vraiment de l'or qu'elle répandait, mais un plaque éblouissant sous quoi reparaissait vite une matière aphotique inerte.

Enfin une de ces avenues consentit à toucher la ligne du chemin de fer et à se donner l'air de la suivre. Mais je me méfiais. Sait-on jamais où vont les routes ? C'est quand on veut n'aller nulle part qu'on se prête à leurs manèges. En cas de besoin, il n'y a guère que les rails pour tenir tôt ou tard la promesse d'au moins une étape : la lanterne d'un garde-barrière, un croisement de ces deux routes qu'on eût manqué si l'on avait pris l'une ou l'autre, bien entendu dans le mauvais sens, et à ce croisement le néon insomniaque d'un bistro de betteraviers et de camionneurs. Ou bien une petite gare qu'on devine de loin à cause du grelottement de son timbre qui semble appeler au secours dans la nuit. Ou encore une gare pas si petite et sa place de la Gare où le café-hôtel de la Gare ne dispose plus que d'une chambre à trois lits et dont la fenêtre s'ouvre en grinçant sur des arrières de potagers indigo et bleus sous la lune. C'est le sommet mystique de la longue, longue échelle horizontale dont on a gravi un à un les gros échelons. Une barrière rendait cette méthode impraticable à Dresde. Mais contre cette barrière boitillait dans l'herbe un brave sentier qui, au bout d'un quart d'heure, perdit le sentiment de son existence propre devant l'esplanade en chantier dont j'ai déjà crayonné une description.

La nuit était tombée. Ne découvrant rien entre le *fast-food* clinquant et le restaurant à protocole, j'achetai du pain. De ce pain industriel à base de farines variées qui se propose en Allemagne sous toutes sortes de formes et peut se révéler excellent. Du pain qu'on mâche seul en flânant le long des vitrines d'appareils électro-ménagers, de produits diététiques et de confection pour dames. Ce

pedestrian in this space where the light, in receding, left behind only fields of ash. So in front of me it wasn't really gold the light scattered, but a dazzling bright sheet underneath which quickly reappeared an inert matter not reached by the sun.

Finally one of these avenues agreed to touch the railroad line and to take on the look of being likely to follow it. But I was wary. Do we ever know where roads lead? It's when we don't want to go anywhere that we agree to their games. If the need arises, there's hardly anything but the rails to sooner or later keep the promise of at least one stopping place: the lantern of a level-crossing keeper, a junction of these two roads one might have missed in taking one or the other, of course in the wrong direction, and at this junction the insomniac neon of a bistro for beet growers and truckers. Or else a small train station one makes out from a distance on account of the trembling of its bell that seems to call out for help in the night. Or even a not so small train station and its place de la Gare where the café-hôtel de la Gare only has left a room with three beds and whose window opens with a creak onto the backs of indigo and blue vegetable gardens under the moon. It's the mystical summit of the long, long horizontal ladder whose thick rungs have been climbed one by one. A gate made this method impracticable in Dresden. But against this gate there limped slightly in the grass a brave footpath that, after a quarter of an hour, lost the feeling of its own unique existence in front of the esplanade under construction whose description I've already sketched out.

Night had fallen. Finding nothing between flashy *fast food* and restaurants favoring etiquette, I bought some bread. Industrial bread, the kind offered in Germany with various flours combined in all sorts of ways that can prove to be excellent. Bread to chew alone strolling alongside shop windows filled with household electrical appliances, health food products and women's clothing. This bread becomes the hearth of the individual caravan that accompanies each one of us through the urban desert, with its

pain devient le foyer de la roulotte individuelle qu'on promène dans le désert urbain, avec son cliquetis de vieux souvenirs qui bringueballent, sa marmaille d'affects, de sensations, d'idées et de projets qui se bousculent, la chaleur excessive ou insuffisante de son poêle dont nous droguent les émanations. Mais, afin d'être utile, je précise : du pain sec, sans ces *agents de saveur* subversifs tels que jambon, salade, fromage, œuf dur découpé en rondelles et s'échappant avec une lymphe de mayonnaise par la saignée latérale d'un sandwich. On devrait se cacher pour oser mordre dans de tels amalgames. Et jadis, alors qu'ils étaient loin d'avoir atteint ce degré d'opulence choquant, beaucoup de gens (souvent des femmes, plus délicates dans le souci même de l'opinion d'autrui), se dérobaient tant bien que mal aux regards pour accomplir cette fonction biologique de manger sur le pouce en public. On ne fuit pas le cérémonial du vrai ou du faux luxe, qui sait se défendre par ses tarifs, pour choir dans une exhibition de bâfrée qui n'est pas que le luxe occasionnel de l'indigent, mais surtout de l'étalage d'un droit au confort s'affirmant contre toute décence au détriment de la dignité de l'espèce toute entière. Il est vrai toutefois que manger du pain sec tout seul assis au bord du lit dans une chambre d'hôtel anonyme a quelque chose aussi de navrant. C'est une manière de consentement suspect au misérabilisme. Dans le grand pâturage humain qu'est la rue, on broutera donc son pain sec sans affectation et sans honte, comme le ruminant dont la noblesse s'accroît de l'humilité qui lui fait courber l'échine vers la terre où pousse notre blé. Tel était le condiment spéculatif de mon austère premier dîner à Dresde. On voit qu'il m'enivrait un peu. On pensera que cela n'a guère de rapport avec cette ville, et pourtant si. Il existait certaine corrélation entre le pain sec, d'ailleurs savoureux, et l'endroit où je le grignotais : cette avenue déprimante par une ambition de grandeur privée de ressources, soit une Dresde qui n'était nullement la Dresde disparue que j'avais voulu chercher, mais une Dresde réfugiée après ses malheurs dans ce qui fait

clatter of rattling old memories, its jostling horde of affects, sensations, ideas and projects, the excessive or insufficient heat of its stove whose smells drug us. But, in order to be useful, let me clarify: plain bread, without subversive *flavoring agents* such as ham, lettuce, cheese, hard-boiled egg cut up in slices and spilling out with a lymph of mayonnaise from a sandwich's lateral cut. To dare bite into such strange blends one really should hide. And in times past, when they were far from having attained this shocking degree of opulence, many people (often women, more delicate in their concern for others' opinion), hid themselves from view as best they could to accomplish this biological function of having a bite to eat in public. One doesn't (particularly as a woman) flee the ceremonial aspect of true or false luxury, which knows well enough to defend itself by its price of admission, in order to fall into an exhibition of gorging that's not just the casual luxury of the indigent, but especially the displaying of a right to comfort asserting itself against all decency to the detriment of the entire race's dignity. It's true nonetheless that eating plain bread all alone sitting on the edge of the bed in an anonymous hotel room also has its regrettable side. It's a sort of suspicious assent to miserabilism. In the great human pasture that is the street, so it is that one will graze on plain bread without affectation or shame, like the ruminant whose nobility increases with the humility that makes it bow its backbone toward the earth where our wheat grows. Such was the speculative seasoning of my austere first dinner in Dresden. As you can see it intoxicated me a little. You'll think it hasn't the slightest connection to this city, and yet in fact it does. There was a certain correlation between the plain bread, by the way delicious, and the spot where I nibbled at it: this avenue, depressing in its aspiration toward grandeur that lacked resources, in this case a Dresden that wasn't in the slightest the vanished Dresden I'd wanted to look for, but a Dresden that had taken refuge after its misfortunes in that which makes up the vaguely consoling anonymity of so many other cities

l'anonymat vaguement consolateur de tant d'autres villes du monde où l'on ne sait jamais trop où l'on est, et par là même une Dresde universelle où il convenait qu'un passant quelconque parmi d'autres communiât avec toute l'humanité dresdifiée, sous l'espèce d'un morceau de pain sec. Aux lueurs alternées et plus ou moins vives des phares, des vitrines et des lamapadaires, ce qu'il en restait au creux de ma main luisait parfois comme une pépite.

Médiocre esthéticien (mes idées sur l'art sont confuses, souvent contradictoires, et mon savoir limité au superficiel), qu'aurais-je à dire des beautés de Dresde qu'on saurait admirer sans moi ? Les a-t-on reconstituées ? Il n'y paraît pas, au Zwingler et à la Hofkirche. Les Allemands se montrent à cet égard de surprenants experts. Ils entretiennent si parfaitement leurs authentiques vieilles pierres que ce sont elles qui parfois ont l'air d'une reconstitution. A Dresde, au contraire, ils ont même réinventé la patine du temps. Mais en plusieurs endroits de ce quartier de grand baroque, la ruine et la copie fraîche de l'ancien se mêlaient encore de la plus émouvante façon. Il me semblait assister non pas à une résurrection de Dresde que je n'avais jamais visitée, mais à sa construction sur les débris d'une cité de moindre intérêt. Sans disposer de bombes très-puissantes (je crois indispensable le rétablissement de ce tiret), on détruisait beaucoup aux siècles qui ont précédé le nôtre. C'était dans l'intention de faire neuf et mieux, et le mieux d'avant s'effaçait sous un mieux d'un autre genre. A présent on voudrait tout conserver, sans franchement s'avouer que dans notre désir d'honorer les *mieux* de tous les âges, se tapit l'intuition que notre propre *mieux* ne vaut même pas le *moins bien* d'autres époques, bien que nous le préservions aussi, à tout hasard et comme pour faciliter la tâche de futurs archéologues. Ils auront moins besoin de creuser, circuleront dans une sorte de géant musée ou garde-meuble, où Memphis, Babylone, Rome, Cluny, Versailles voisineront avec Manhattan et le fantôme de nos aciéries. L'idée de *patrimoine* a rendu

of the world where you never quite know where you are, and by this very quality a universal Dresden where it made sense that one ordinary passerby among others might commune with all of Dresdified humanity in the form of a piece of plain bread. In the alternating and more or less bright gleams of the headlights, shop windows and streetlamps, what remained in the hollow of my hand shined at times like a nugget.

A mediocre aesthetician (my ideas about art are muddled, often contradictory, and my knowledge limited to superficialities), what would I have to say about Dresden's beauties that could be admired without me? Were they restored? It doesn't look like it, at the Zwingler and the Hofkirche. The Germans show themselves in this respect to be surprising experts. They so perfectly maintain their authentic old stones that the stones themselves at times look like a reconstitution. In Dresden, on the contrary, they even reinvented the patina of age. But in several parts of this grand baroque neighborhood, ruin and fresh copying of the ancient still mingled in the most moving way. I seemed to be witnessing not a resurrection of Dresden I'd never visited, but its construction on the debris of a city of lesser interest. Without having super-powerful bombs available (a hyphen I feel it's crucial to reestablish), we still destroyed much in previous centuries. It was with the intention of making things newer and better, and the better from before faded under a better of another kind. Now we'd like to preserve everything, without frankly admitting to ourselves that within our desire to honor the *better* of all eras, lurks the intuition that our own *better* isn't even a match for the *less well* of other ages, despite the fact that we used to safeguard it too, just in case and as if to facilitate the task of future archeologists. With less of a need to dig deep, they'll go around in a sort of giant museum or storehouse, where Memphis, Babylon, Rome, Cluny, Versailles will be side by side with Manhattan and the phantom of our steelworks.

ce pieux effort rassurant. Nos descendants hériteront de l'Homme. Et, comme tous les héritiers, se débarrasseront aux Puces d'armoires Louis XIII et de commodes Louis XV, par manque de place, d'argent, peut-être par oubli de l'Homme. A cela je ne pensais pas du tout en considérant les échafaudages encore dressés contre de beaux murs où peintres et maçons s'affairaient, remplacés le second soir de mon séjour par l'or rouge d'un soleil palpant ces blancs de gloire dominicale, ces gris d'une suavité chaste et profonde comme le silence d'un livre qu'on va ouvrir.

Et puis de l'autre côté de la masse monumentale, ce livre s'ouvrit sur la dénivellation de l'Elbe ; je changeai de siècle comme si l'autre avait été tout reconstruit. Ce que je pouvais lire était pareil à un récit d'Eichendorff ou de Mörike, du moins le panorama que je contemplais depuis une terrasse et qui se déployait à ma gauche dans la plaine sous le même soleil. Mais l'ombre, à l'opposé, s'établissait dans la vallée avec la lenteur maternelle d'un jour qui n'a rien négligé de ses devoirs ni boudé de ses plaisirs. Là le soleil n'avait pas à pénétrer ou à se répandre : il était dans l'intimité paisible de cette ombre, et l'épaisseur plus noire des monuments, sommés d'une auréole couleur d'aurore, montrait qu'ils allaient rester toute la nuit les gardiens taciturnes de ce feu. Je pouvais alors regarder l'or de la plaine s'éteindre, ou plutôt s'absorber dans le sol qui en produirait longtemps une rémanence. Mais je n'y prêtais plus attention. Je voyais le fleuve s'écouler d'un seul bloc d'indigo translucide, et prendre soin en même temps de la stabilité des lumières allumées sur les terrasses, et qu'il paraissait ne faire vaciller un peu que pour les rendre plus vivantes. Plusieurs auberges s'étageaient sur la pente assez abrupte de cette rive et il n'était plus question pour moi de pain sec. Je finis par y découvrir une petite table où, dans l'animation générale qui m'entourait d'un bourdonnement de conversations joyeuses, j'attendis sans la moindre impatience qu'on songeât à s'occuper de moi. A quoi pensais-je ? A rien. Je considérais le fleuve et laissais y glisser des

The idea of *heritage* has made this pious effort reassuring. Our descendants will inherit the Human Race. And, like all heirs, will, at the Flea Market, get rid of Louis XIII wardrobes and Louis XV chests of drawers, for lack of space, of money, perhaps out of having forgotten the Human Race. I didn't think of this at all when considering the scaffolding still raised against beautiful walls where painters and masons busied themselves, replaced the second evening of my stay with the red gold of a sun palpating those whites of Sunday glory, those grays of a deep, chaste smoothness like the silence of a book about to be opened.

And then on the other side of the monumental mass, this book opened onto the Elbe's difference in level; I switched centuries as if the other had been entirely reconstructed. What I was able to read was like a story by Eichendorff or Mörike, at least the panorama I contemplated from a terrace and that unfurled on my left in the open country under the same sun. But the shadow, on the other side, settled in the valley with the maternal slowness of a day that's neglected none of its duties nor denied itself any of its pleasures. There the sun didn't need to enter or spread: it was within the peaceful intimacy of this shadow, and the darker thickness of the monuments, their tops adorned with a halo the color of daybreak, showed they would remain throughout the night the taciturn guardians of this fire. And so it was I could watch the open country's gold go out, or rather be absorbed in the ground that would produce for a long while its soft residue. But I was no longer paying attention. I was watching the river flow out in a single block of translucent indigo, and simultaneously take care of the stability of the lights switched on along the terraces, and which it appeared to make flicker a bit only to make them more lively. Several inns rose in tiers on this bank's fairly steep slope and by now plain bread was out of the question for me. Eventually I found a small table where, in the general animation that surrounded me with a hum of joyous conversation, I waited without the slightest

images de vergers et de diligences, de tonnelles et de pavillons blancs dans des clairières de forêts, de bas blancs, redingotes, tricornes et jupons rebondis. Si bien que la serveuse dut tapoter de son crayon le rebord de la table pour me tirer d'une rêverie d'où en vérité elle sortait. Accorte – il n'y a pas d'autre mot. Mais de plus rieuse, étourdie, ahurie parce que je désirais le plat que j'avais choisi *sans sauce*. Elle répétait *ohne* ? avec stupéfaction et, peut-être était-elle tchèque, en prononçant "au nez". C'est assez mince en fait de dernier souvenir de Dresde, mais c'est effectivement le dernier. Entre le moment où M. Au-Nez déplorait le déficit de vocabulaire qui le laissait coi et celui où, voyageur redevenu anonyme, il acceptait le café proposé par l'aimable contrôleur d'un train filant vers Nuremberg, ma mémoire n'est qu'une sorte de coma de quinze ou seize heures. Mais j'en suis assez convaincu : nous sommes des organismes scissipares et, en maintes occasions, une part de nous-mêmes, identique à ce qui nous semble notre indivisible unité, s'en détache pour mener une vie dont nous ne saurons jamais rien. A Dresde, je crois que l'opération s'est déroulée durant ce coma. Il y a donc une suite à l'histoire, mais je ne la connais pas.

impatience for them to consider taking my order. What was I thinking about? Nothing. I contemplated the river and let images slide into the water: of orchards and diligences, of bowers and white pavilions in forest glades, of white stockings, redingotes, tricornes and ample petticoats. So much so that the waitress had to tap the edge of the table with her pencil to rouse me from a daydream from which in fact she was emerging. Winsome – there's no other word. But also cheerful, stupefied, stunned because I wanted the dish I'd chosen *without sauce*. She repeated *ohne?* with sheer amazement and, maybe she was Czech, pronouncing "oh nay?!" It's a fairly slim last memory of Dresden, but it's indeed the last. Between the moment where Mr. Oh-Nay lamented the lack of vocabulary that left him speechless and the one where, a traveler become anonymous again, he accepted the coffee offered by the kind ticket collector of a train speeding along toward Nuremberg, what I remember is only a sort of coma of fifteen or sixteen hours. But I'm fairly well convinced: we're organisms who reproduce by fission and, on many occasions, a part of us, identical to what seems to us to be our indivisible unity, detaches itself to lead a life of which we'll never know a thing. In Dresden, I think the process occurred during this coma. So there is a continuation of the story, but I don't know it.

Traversée de l'Allemagne

Aller (via Cologne)

D'un côté, des forêts encore spontanées,
Antiques, dirait-on, où doit frémir un cerf ;
De l'autre, des forêts mortes, en cheminées
D'usines : c'est la Ruhr. Le train vide dessert

Cologne, Essen, Bochum, Dortmund, Hamm, laminées
Par un ciel sombre. Et puis la plaine, le désert
A l'infini sous des pylônes. Des traînées
De nuages, parfois, tombe un rayon laser

Incolore mais dur qui surprend une flaque.
Rien ne bouge sinon un vieux ramier qui claque
Des ailes comme il peut dans l'air pâle et sans vent.

Rien ne brille. On ne voit pas un être vivant.
A travers la forêt marchent les grands pylônes.
La clameur du train a fait fuir le Roi des Aulnes.

Crossing Germany

There (via Cologne)

On one side, still-spontaneous forests,
As if antique, where a deer likely quivers;
On the other, dead forests of factory chimneystacks:
The Ruhr. The empty train serves

Cologne, Essen, Bochum, Dortmund, Hamm, cities
Laminated by a dark sky. And then the plain, the desert
Under pylons endlessly. At times
From the wisps of clouds a colorless but tough laser

Ray falls that surprises a pool of water. Nothing
Moves except an old woodpigeon whose wings
Flap halfheartedly in the pale windless air.

Nothing shines. There's not a living soul to be seen here.
Through the forest the tall pylons walk on.
The clamor of the train has made the Alder King run.

Retour (via Hambourg)

Sur la plaine sinue un ruisseau plat étroit
Qui ne se hâte pas vers l'eau de la Baltique,
Les sables où l'oiseau de mer, à chaque endroit
Qu'il foule, imprime un vieux caractère gothique.

Des rails s'en vont aussi sous le ciel morfondu,
Rouillés, pour desservir une petite usine
Qui grelotte debout comme un enfant perdu.
Le vent au fond du rien se tait, s'emmagasine,

Et le train peut chanter son austère choral
Sans redouter la moindre faute d'harmonie :
On n'entend pas le son d'un rayon guttural
Accentuant un lac de la Poméranie.

Or je songe toujours à cet enfant perdu
Qui doit avoir atteint le rivage. Il a dû
Avoir peur et froid mais le sable est son empire,
La mer un immense reflet de rien et que le ciel aspire.

Back (via Hamburg)

A flat narrow stream winds along the plain
In no hurry to reach the waters of the Baltic,
The sands where the seabird, in each place
It tramples, imprints letters old and Gothic.

Rails go their way as well, rusted
Under a crestfallen sky, to serve a small factory
That shivers standing like a lost child.
The wind within the nothingness goes quiet, gathered in,

And the train can sing its austere chorale
Without fear of the slightest fault of harmony:
Unheard goes the sound of a guttural
Ray accentuating a lake in Pomerania.

Yet still I think of this lost child
Who must have reached the shore: afraid
And cold most likely but the sand is his empire,
The sea a huge reflection of nothing and that the sky pulls higher.

Deux cartes postales

De Stuttgart

Je reste enclin à ce risible étonnement :
Des enfants tout petits qui parlent allemand
Sans le moindre embarras quand, depuis des années,
J'utilise toujours des formes erronées
Dans un vocabulaire étroit qui se restreint.
J'ai demandé la voie et l'heure de mon train,
Mais ai-je bien compris la réponse ? J'écoute
Ce qui se dit autour de moi, n'y entends goutte,
Sauf au récitatif à deux voix syllabé
Par une mère au voile austère et son bébé.
(Turc, allemand, chinois, c'est un seul répertoire
Que je connais par cœur depuis la préhistoire
Mais qui peut une fois encore m'absorber).

De Tübingen

La dame qui jouait de la flûte avait une
Petite fille rousse, une autre blonde, ou brune,
Je ne sais plus. Mais c'est la rousse, j'en suis sûr,
Que me remit un bout de papier mauve sur
Lequel étaient tracés, aux fluos vert et jaune,
Six fleurs et quatre mots de merci pour l'aumône
Accordée à sa mère en l'honneur de Mozart.
J'ai gardé ce présent ingénu dans ma poche.
C'était à quelques pas des berges du Neckar
Où la tour du poète en reflets se décroche
Et flotte sans jamais se résoudre au départ.

Two Postcards

From Stuttgart

To this laughable surprise still I'm prone:
Really small children who speak German
Unabashed, when for years
I've used mistaken forms
In a vocabulary ever narrower.
I've asked my train's track and hour,
But have I understood the answer? I listen
To what's said around me, don't fathom
A word, except the two-voiced recitative
Of an austerely veiled mother and baby child.
(Turkish, German, Chinese, it's a single repertory
I've known by heart since prehistory
But compelling, absorbing, assimilative).

From Tübingen

The lady playing flute had two small daughters,
One a redhead, the other blond, or darker,
I don't recall. But it's the redhead, I'm sure,
Who presented me with a piece of mauve paper
On which, in fluorescent green and yellow, were drawn
Six flowers and four words of thanks for the alms
Granted her mother in honor of Mozart.
I kept this ingenuous present in my pocket.
It was a short way from the banks of the Neckar
Where the poet's tower with its reflections falls off
And floats without ever seeming resolved to depart.

Scandinavie / Scandinavia

La pluie à Copenhague

Cinq ou six beaux palmiers montent à une hauteur prodigieuse. Cinq ? Six ? On reste dans cette incertitude, car d'autres plantes tropicales s'épanouissent dans la rotonde, entretenant un fouillis de verdure qui empêche d'établir un compte exact. Une verrière, au sommet, absorbe la lueur grise du ciel, mais les palmes qui s'élancent infusent dans cette clarté et paraissent filtrer un soleil imaginaire.

Il y a des bancs sous les massifs et, tout autour, une galerie. Puis, dans l'axe du portail d'entrée, derrière une nymphe en matière froide et lisse de lavabo, quelques marches. Elles mènent à l'atrium, au-delà vers les salles encore désertes. Parfois cependant l'écho d'une toux, d'une vague rumeur de voix circule. Ainsi tout à l'heure à l'hôtel, quand il a commencé de pleuvoir, celles qui provenaient d'une chambre voisine, réduites à ce bourdonnement rôdant à travers les cloisons, en même temps si perdu et si proche, dans ce monde intermédiaire et inaccessible où, lorsqu'on est malade à six ans, évoluent les grandes personnes.

A l'autre bout de l'atrium, une autre statue. D'époque romaine tardive elle représente un esclave Perse agenouillé. Noir de peau mais vêtu d'une tunique souplement taillée dans un marbre dit griotte, il est presque géant et (admirable en particulier le détail de ses sandales, des veines saillantes de ses mains) d'une vigueur hyper-réaliste. On dirait que d'une seconde à l'autre il va se redresser et, pour se dégourdir de dix-sept siècles d'immobilité humiliante, assommer le visiteur qui le considère d'aussi près.

Rain in Copenhagen

Five or six beautiful palm trees rise to a prodigious height. Five? Six? It's hard to say, what with other tropical plants blooming in the rotunda and keeping a jumble of green going that makes it hard to get an exact count. A glass roof at the summit absorbs the sky's faint gray light, but the palms soaring upward become infused within it and appear to filter an imaginary sun.

Under the tree clumps are benches and, surrounding them, a gallery. Then, in the entryway axis, behind a nymph made of cold smooth sink-like material, a few steps. They lead to the atrium, and beyond toward the still empty rooms. Occasionally though the echo of a cough, of a vague rumor of voices goes around. The same as before back at the hotel, when it started raining, the ones from a neighboring room, reduced to this hum wandering through the walls, so lost and at the same time so close, in this intermediate inaccessible world where grown-ups circulate when you're six years old and sick.

At the other end of the atrium, another statue. From the late Roman era, it portrays a kneeling Persian slave. With black skin but wearing a smoothly carved tunic in a dark-colored marble called griotte, he's almost giant and (particularly admirable are the detail of his sandals, of the veins standing out from his hands) shown in all his hyper-realistic vigor. It's as if he might at any moment right himself and knock the too close visitor senseless to take the edge off of seventeen centuries of humiliating stillness.

A trois cents mètres de pluie, dans le hall du musée Tussaud, on trouve également des personnages grandeur nature parfaitement imités. Deux d'entre eux sont des ouvriers en équilibre instable. Ils nettoient le vitrage intérieur, manient l'éponge, se passent un seau, ne tombent jamais de leur échelle établie en face de la table où, fatigué par deux heures de déambulation et de stations devant des toiles, je me suis assis, et où une demoiselle blonde bien vivante m'a servi du café.

Muni de ce réconfort je peux regagner la Glyptothèque. Il pleut toujours. J'aimerais avoir découvert une galerie de sciences naturelles pleine d'animaux empaillés et pareille à une arche de Noé sous ce déluge où le monde se liquéfie. Celle-ci, dans les salles qu'à présent je traverse, paraît n'avoir recueilli que des têtes d'empereurs, Trajan, plusieurs fois reproduit, bien reconnaissable à un pli sévère de la joue qui, seul, signifie Rome avec la même énergie que cette syllabe rauque comme un aboiement.

Voici maintenant d'indolentes effigies de banquiers étrusques récapitulant les derniers cours de la bourse sur un canapé de leur club, des caisses comme d'un déménagement interrompu par un cataclysme, avec des morts égyptiens tout en réglisse sous leurs bandelettes qu'on n'a pas fini de dérouler ; toutes sortes de bas-reliefs et de sculptures dont les étiquettes, rédigées en danois, laissent souvent ignorer s'il s'agit de copies ou de pièces originales. Les palmiers de l'atrium ne sont eux-mêmes pas plus vrais peut-être que les laveurs de vitres de Tussaud, ni que l'amateur d'art ancien qui circule dans le silence d'un temps identique à celui où, un jour, il n'existera plus.

Un hasard me ramène auprès des salles que je voulais reparcourir, mais la foule qui s'y presse désempare mon sens contemplatif. Autant retourner à l'air libre. Une fenêtre ouverte par Bonnard derrière un moutonnement de têtes et d'épaules laisserait supposer qu'il a cessé de pleuvoir. Or l'espace entier n'est plus

At three hundred yards' rain, in the foyer of the Tussaud Museum, other life-size important people are perfectly imitated. Two of them are off-balance workers. They're cleaning the inside windows, handling the sponge, passing each other a pail, never falling from their ladder set up in front of the table where, worn out from two hours of strolls and stops by paintings, I sat down, and where a very much alive blond young lady served me coffee.

Thus comforted I can get back to the rare gems. It's still raining. I'd like to have found a natural science gallery full of stuffed animals and along the lines of a Noah's Ark in this deluge where the world is liquefying. This gallery, in the rooms I'm now crossing, appears to have collected only emperors' heads, Trajan, several times reproduced, quite recognizable thanks to a stern cheekfold that alone signifies Rome with the same energy as his name's sounds raucous as a dog's bark.

Now it's indolent effigies of Etruscan bankers recapping the latest market rates on a couch at their club, crates as if from a move interrupted by a cataclysm, with dead Egyptians all licorice-colored under their bandages that haven't quite been undone; all kinds of bas-reliefs and sculptures whose labels, written in Danish, can make it hard to tell whether they're copies or orginal pieces. The atrium palms are perhaps no more real than the Tussaud window-washers, nor than the lover of ancient art going around in the silence of a time identical to the one where, one day, he'll no longer exist.

By chance I'm back at the rooms I wanted to visit again, but the crush of visitors pressing in undoes my contemplative sense. Might as well go back into the open air. A window opened by Bonnard behind a frothy sea of heads and shoulders would suggest it's stopped raining. Yet all of space has become a watery substance, a pool where perspectives and undoubtedly the faded Tivoli carousels float.

My wool coat is getting soaked. Where should I go? I don't have a hotel room anymore, and a Sunday crowd has invaded the

qu'une substance aquatique, une flaque où flottent les perspectives et sans doute les manèges de Tivoli déteints.

Le drap de mon manteau s'imbibe. Où aller ? Je n'ai plus de chambre, et une cohue dominicale a envahi les restaurants. Je me plante sous un auvent comme pour monter la garde. De temps en temps, je jette un regard vers un immeuble qui domine un carrefour. Au faîte de sa tour d'angle, sous un toit pointu, s'abrite une dame monumentale et complètement dorée. Elle tient par le guidon une bicyclette également tout en or. J'imagine qu'un mouvement d'horlogerie la fait s'animer d'une façon ou d'une autre à certaines heures : monter en selle, pédaler, actionner le timbre qui aurait dû retentir douze fois : midi et une minute. Alors j'attends. Mais rien ne se passe. L'emblème reluit inerte entre les nuages et la ville à réputation cycliste où ni à pied ni à vélo personne ne se risque.

Vis-à-vis de moi sur l'autre trottoir, un monsieur reste assis impavide sous son chapeau haut de forme en bronze qui ruisselle. C'est Andersen dont la petite sirène grelotte en plein vent là-bas au-delà de Nyhavn, au-delà d'Amalienborg et de ses soldats automatiques, figés dans leur guérites aussi minces que des crayons bien taillés, rouges comme des boîtes aux lettres. A quoi pensent-ils ?

Il me semble que le musée, dans mon dos, vient de larguer les amarres et commence à se balancer sur les flots, emportant sa cargaison de Nativités et d'aurores, de jardins ocellés de soleil et de visages de promeneuses dont aucune ne se souviendra de mon passage.

restaurants. I plant myself under an awning as if to mount guard. From time to time I glance at a building that overlooks an intersection. At the top of its corner tower, under a pointed roof, a monumental and completely gilded lady is taking shelter. She's holding by the handlebars a bicycle likewise all in gold. I imagine a clockwork motion makes her come to life in one way or another at certain times: climb onto the saddle, pedal, ring the bell that should have sounded twelve times: noon and a minute. So I wait. But nothing happens. The emblem glistens, inert between the clouds and the city known for cyclists where no one ventures out either on foot or by bike.

Opposite me on the other sidewalk, a gentleman sits unruffled under his streaming bronze top hat. It's Andersen whose small mermaid is shivering there in the wind beyond Nyhavn, beyond Amalienborg and its automatic soldiers, set in their sentry boxes as thin as well sharpened pencils, red like letterboxes. What are they thinking about?

It seems to me the museum, behind my back, has just cast off its moorings and is starting to sway on the small waves, carrying off its cargo of Nativities and dawns, of gardens ocellated with sun and with faces of women walking none of whom will remember my having passed through.

L'angoisse à Helsingborg

Un petit blockhaus que j'avais repéré de l'autre côté de l'avenue, en bordure d'un jardin public, me réserve une nouvelle déception. Il y a bien quelques marches qui descendent jusqu'à une porte, mais ce n'est qu'un panneau de fer rouillé bouclé à triple tour, derrière lequel on doit entreposer des outils de jardinage, ou rien du tout, quelle incurie, et ni l'enfoncement de l'escalier ni la profondeur de l'embrasure ne ménagent le moindre angle mort. De n'importe quel point des allées, le regard doit pouvoir plonger dans ce creux insuffisant. Or, par malchance, tout désert que je l'aie cru d'abord, le jardin ne reste jamais vide : un vieux monsieur le parcourt à petits pas méditatifs et, à peine va-t-il disparaître, une jeune femme arrive dans l'autre sens en poussant le landau de son bébé. Quand sans hâte elle s'apprête à sortir du cadre, deux jeunes filles y pénètrent, en quête d'un coin d'herbe confortable pour s'étendre au soleil. Ironique, provocateur, un fin bruit de cascade tombe des feuillages où coule le vent.

Donc je refranchis l'avenue, à présent encombrée de camions, avec l'idée de réexplorer la gare et ses parages. Il faut longer un chantier de construction grouillant d'engins, d'ouvriers casqués de jaune ou d'orange, tous avec de beaux visages graves à rides verticales d'ingénieurs ou de dignitaires d'une église réformée dédaigneux. Certains d'entre eux me dévisagent, qui me voient passer pour la troisième fois : "qu'est-ce qu'il fabrique ?". Puis je constate de nouveau que la gare toute proche, bien que tête de ligne, n'a décidément rien de plus à offrir qu'un halte en pleins champs : une salle d'attente minuscule que remplissent deux grosses dames, un réduit de service sans guichet. Les tickets sont délivrés par un distributeur automatique qui ne s'exprime qu'en suédois. Si l'on manque de monnaie, on peut s'en procurer dans un

Anxiety in Helsingborg

A small blockhouse I'd spotted on the other side of the avenue, along the edge of a public garden, has another disappointment in store. There are indeed several steps leading down to a door, but it's only a triple-locked rusted iron panel, behind which they must store gardening tools, or nothing at all, what negligence, and neither the recess of the stairway nor the depth of the frame's sides shows consideration for the slightest blind spot. From any given point on the paths, one's gaze should be able to plunge into this inadequate hollow. But unfortunately, as deserted as I first thought it to be, the garden never stays empty: an older gentleman walks its length and breadth with small meditative steps and, when he's only just about to disappear, a young woman arrives from the other direction pushing her baby's carriage. She slowly gets ready to leave the picture and along come two young girls, in search of a comfortable patch of grass so they can lie down in the sun. Ironic, provocative, a delicate cascading sound falls from the foliage where the wind flows.

So I cross again back over the congested avenue, now crowded with trucks, with the idea of reexploring the train station and its surroundings. You have to go along a construction site teeming with machines, with workers in yellow or orange helmets, all of them with the handsome serious vertical-lined faces of engineers or of dignitaries of a disdainful Reformed church. Some of them stare, seeing me go by for the third time: "what on earth is he up to?" Then I notice again that the train station right nearby, even though it's the start of the line, definitely has nothing more to offer than a stop in the middle of the fields: a minuscule waiting room that two large women fill, a reduced service area with no office. The tickets are delivered by a machine that only speaks Swedish. If in

kiosque à journaux qui, face à l'avenue, flanque le bâtiment, laissant entre les deux parois un interstice d'apparence prometteuse mais où ne se glisserait pas le plus mince des lévriers. Dans l'ombre du fond du kiosque (j'y ai acheté le *Dagens Nyheter* en guise de parasol – ou de parapluie, on ne sait jamais), on distingue de ces magazines éhontés dont la couverture exhibe des messieurs à musculature emphatique, avec leur arsenal viril à l'air. Ensuite, j'ai vainement sondé la haie de troènes qui sépare l'avenue et les quais où déjà des voyageurs patientent, alors qu'il reste près de trois-quarts d'heure avant le départ du train. Quand ce délai semblerait supportable, je monterais comme eux dans une de ces rames de voitures mauves (lilas) dont tout l'espace a été dévolu aux banquettes par un constructeur irréfléchi. Et les troènes ? Ce n'est guère qu'une longue rangée de trous parfois garnis de timide feuillage.

L'avenue que je retraverse n'aligne elle-même que des immeubles bien clos sur leurs commodités privées (pas un restaurant, pas un bar, pas un couloir obscur propice) et me ramène au jardin public. Je n'y avais pas encore remarqué le jet d'eau narquois ni la cabine de téléphone. Elles sont pourtant bien curieuses ici : des lattes de bois galbé assemblées en couronne sur une armature métallique leur donnent une vague allure de huches à pain ou de chapelle rurale païenne à un croisement de routes. Elles ne vous mettent pas en vitrine comme dans la plupart des autres pays, au contraire : elles semblent jalouse de votre intimité. Mais seulement au-dessus de la ceinture, car le bâti de lattes est suspendu. Si la cabine est occupée, on croirait que le petit édifice repose sur deux jambes, comme un griot qui s'apprête à danser en costume rituel. Je m'éloigne aussi vite que possible. Un possible presque douloureux qui de minute en minute s'amenuise. Soudain un restaurant, deux restaurants, un troisième, mais tous de ce genre à rideaux drapés et palmiers en pot qui effarouche, exclut, et où l'acte d'avoir à consommer à grands frais de nouveaux liquides

need of change, there's a newsstand facing the avenue that flanks the building, leaving between the two sides a seemingly promising interstice where the thinnest of greyhounds wouldn't slip past. In the shadow of this kiosk's far end (I bought the *Dagens Nyheter* there as a sunshade – or umbrella, it's hard to know), one can't help seeing the usual shameless magazines whose covers exhibit emphatically muscular men, their virile arsenal exposed. Then, in vain I probed the privet hedge that separates the avenue and the platforms where already travelers are waiting, when in fact the train doesn't leave for another three quarters of an hour. When the wait gets to be bearable, I'll consider climbing like them into one of these lines of mauve (lilac) cars whose entire space was allotted to seats by an impulsive builder. And the privet? It's hardly more than a long row of holes covered at times with timid foliage.

The avenue I'm crossing again itself only aligns buildings essentially closed in on their private commodities (no restaurant, or bar, or favorable dark passageway) and brings me back to the public garden. I hadn't yet taken in the derisive fountain or the phone booth. The latter here are quite curious though: curved wood slats assembled in a ring on a metallic frame give them a vague look of bread bins or of a pagan rural chapel at a crossroads. They don't put you on display as in most other countries, quite the opposite: they seem jealous of your privacy. But only above the belt, since the frame is suspended. If the booth is occupied, it can seem as if the small edifice is resting on two legs, like a griot getting ready to dance in ritual costume. I move away as quickly as possible. An almost painful possible that diminishes from minute to minute. Suddenly a restaurant, two restaurants, a third, but all of the kind with draped curtains and potted palms that frighten, exclude, and where taking action and satisfying at great expense one's thirst would only end up reproducing the same situation sooner or later. Then I remember, above the town, a small dungeon standing in the

n'aboutirait qu'à reproduire tôt ou tard la situation. Je me souviens alors qu'au-dessus de la ville, un donjon se dresse au milieu d'une esplanade plantée de gros arbres. J'en ai fait le tour ce matin en même temps qu'une escouade de touristes, et j'entendais leurs voix, devant moi ou derrière toujours à la même distance. On ne s'est pas rencontrés. C'était le système mairie-d'Ambert, en somme, infaillible à la condition que tout le monde tourne dans le même sens et que l'autre équipe observe elle-même des pauses. Et puis c'est loin, trop loin maintenant au bout de ces volées de marches.

Alors je repense au chantier. Soit que l'activité s'y déplace, soit que tous ces dignitaires casqués aient trivialement succombé à l'attrait du casse-croûte (il est plus de midi), la zone que j'aborde est déserte. Il s'agit de démolitions où, le gros oeuvre aplati, subsiste un labyrinthe de murs et de cloisons en rez-de-chaussée. Ce n'est bien entendu pas rien ce muret que je dois enjamber, puis cette tranchée boueuse et ces entrelacs de fer à béton, ces gravats et ces planches en déséquilibre, mais on ne m'arrêtera plus. Je me hisse sur l'appui d'une fenêtre, me reçois avec précaution de l'autre côté et un éblouissement me fige : la mer. C'est-à-dire le détroit de l'Øresund où fonce un de ces ferry-boats géants – l'*Ursula* ou le *Dalila*, peut-être – qui tout à l'heure m'ont sidéré dans le port. Vu la distance et leur vitesse, je ne veux tenir aucun compte de leurs passagers. Ce qui me gêne, plus que le ciel pur plein d'anges m'englobant de son oeil de cyclope, c'est, presque théorique dans la brume de chaleur, moins présent sur la rive danoise que dans ma brumeuse mémoire shakespearienne, Elseneur. Je me retourne donc quand même pudiquement contre le mur de la ruine où sont gravés dans le plâtre des sortes de runes peut-être déshonnêtes ou injurieux, et enfin je m'absente, en prenant garde à mes souliers.

middle of an esplanade planted with broad trees. I had a look around it this morning at the same time as a squad of tourists, and I heard their voices, in front of or behind me always at the same distance. We didn't meet. It was Jules Romains' "mairie-d'Ambert" system, in sum, infallible provided everyone turns in the same direction and the other team likewise sticks to the rule of taking breaks. But really it's far, too far now at the end of these flights of stairs.

Then I get to thinking about the construction site. Whether the activity there is moving elsewhere, or all those helmeted dignitaries have trivially succumbed to the appeal of lunch (it's past noon), the zone I reach is deserted. They've been doing demolitions where, once the main part has been brought down, a labyrinth of walls and of ground-floor partitions remains. So it's definitely not negligible, this low wall I need to step over, then this muddy trench and this interlacing of steel reinforcement bars, this rubble and these off-balance boards, but there won't be any stopping me now. I heave myself up onto a window ledge, collect myself carefully on the other side and a dazzling sight freezes me: the sea. That is to say, the Øresund strait where one of those giant ferry boats charges forward – the *Ursula* or the *Delilah*, perhaps – that amazed me earlier in the port. Considering the distance and their speed, I don't want to take at all into account their passengers. What bothers me, more than the pure sky full of angels encompassing me with its cyclops eye, is, almost theoretical in the heat haze, less present on the Danish riverbank than in my hazy Shakespearian memory, Elsinore. So I turn around quite discreetly against the wall of the ruin where some sort of perhaps immodest or offensive runes are carved in the plaster, and finally I absent myself, watching out for my shoes.

S.A.S.

La blondeur de la mer et le gris de ses yeux,
Une hôtesse de l'air en surgit, Aphrodite –
Ou de la cuisse du Boeing tel Jupiter
Vibrant, étincelant dans l'azur scandinave.

O, déesse aux longs doigts, aux beaux reins spacieux,
Je vous ai devinée en amour érudite,
Mais incarnation suave de l'éther :
L'animal désirant se muait en esclave,

En pur adorateur de ce rêve charnel.
Dunes, forêts et lacs de la vierge Suède
Que l'on fuyait alors vers un ciel indigo,

Vous m'offriez ce corps intime et solennel
Penché tout près de moi sans venir à mon aide
Et soulager le mal d'un tendre lumbago.

S.A.S.

The blondness of the sea and the grey of its eyes,
From thence surged forth a stewardess, Aphrodite –
Or from the Boeing's thigh like Jupiter
Vibrant, sparkling in the Scandinavian azur.

Oh broad-backed, long-fingered goddess,
I sensed you with my lover's flair, erudite
Yet suave was I, an incarnation of the ether:
Now a slave, a desiring animal no more,

A pure worshipping admirer of this fleshly dream.
Dunes, forests and lakes of virgin Sweden
That for a time we fled toward an indigo sky,

You offered me this body, intimate, solemn,
That leaned so close yet still refrained
From easing the hurt of lumbago avowed tenderly.

France / France

Nantes (car il y en a deux)

Trop longtemps j'ai tardé à visiter la ville de Nantes. Pour être précis, 777 mois depuis le jour de ma naissance, et ce chiffre d'allure apocalyptique ne laisse pas de m'impressionner. Il introduit de l'ésotérisme où j'en soupçonnais peu. Pour la plupart des gens de mon âge (à présent, donc, 904 mois), Nantes a d'abord été la Mecque de cette religion : le petit-beurre, et spécialement le petit-beurre LU. On n'ignorait pas tout à fait que cette marque, bien propre à fasciner les précoces lecteurs de majuscules que sont beaucoup d'enfants, n'était autre que le monogramme de deux grandes familles coalisées pour la cause du biscuit. LU s'imposait comme le diminutif du fils unique (au lieu de grandir, prodige, il se multipliait) engendré par l'union d'une Mlle Lefèvre et d'un M. Utile (ou le contraire, peut-être). LU ne pouvait que devenir ainsi l'ami préféré, dans ce domaine d'importance, de tous les Jojo, Toto, Coco, Dédé, Lili, Mimi, Lolo et autres innombrables Lulu qui ont assuré sa fortune et celle de l'industrie alimentaire nantaise du même coup. Par gourmandise, on entamait toujours d'abord les quatre coins légèrement saillants, plus grillés et plus savoureux encore du petit-beurre. On appelait cela "croquer l'oreille à LU". Peut-être, dans cette innocente volupté, passait-il quelque chose du plaisir qu'avait éprouvé M. Lefèvre en mâchant le lobe de Mlle Utile (ou l'inverse).

Pour revenir au cœur du sujet, c'est-à-dire la ville de Nantes, je veux me défendre d'une accusation possible d'indifférence ou, pire, d'hostilité. C'est bien parce que j'ai rêvé d'elle autant qu'à des ports

Nantes (For There Are Two)

For too long I put off visiting the city of Nantes. To be precise, 777 months since the day I was born, and this apocalyptic-looking figure can't help but impress me. It introduces esotericism where I little suspected it. For most people my age (thus, presently, 904 months), Nantes was first the Mecca of a particular religion: *petit-beurre* butter cookies, and especially the *petit-beurre* called LU. We vaguely knew this brand name, perfectly fascinating to children as precocious readers of capital letters, was none other than the monogram of two big families joined for the cause of this special kind of cookie. LU emerged as the diminutive of the only child (instead of growing, as if by magic they multiplied) begotten by a certain Mademoiselle Lefèvre and Monsieur Utile (or perhaps the other way around). LU could thus only become the preferred friend, in this area of some importance, of every Joey, Tommy, Charlie, Danny, Lily, Mary, Lori and countless others who ensured its fortune and simultaneously that of the Nantes food industry. In our fondness for these square cookies, we always started with the *petit-beurre*'s slightly protruding four corners, more toasted and tastier. We used to call this "chewing on LU's ear." Perhaps, in this innocent sensual pleasure, some of what Monsieur Lefèvre felt sinking his teeth into Mademoiselle Utile's lobe (or vice-versa) was passed along.

To return to the heart of the matter, Nantes itself, I want to defend myself against a possible accusation of indifference or, worse, hostility. It's indeed because I dreamed of this city as much

encore plus célèbres où je n'étais pas allé non plus, et où je n'irai jamais sans doute (Valparaiso, Hong-Kong, New York, Constantinople), que l'effort de m'y rendre m'a paru longtemps superflu. Nourrissant ma représentation au hasard des lectures, des albums touristiques dont il faut, au jugé, compenser les lacunes, replacer les images de détail (d'échelles variables et souvent décevantes ou trop flatteuses) dans un ensemble de proportions et de climat cohérents, j'avais fini par édifier une ville assez précise, par endroits aussi assez floue pour que cette élaboration me parût ressembler à un souvenir. Mais précision et exactitude sont des notions un peu distinctes, si bien que sur le motif je n'ai presque rien reconnu. Durant ce séjour de trente-deux heures bien sûr insuffisantes (où j'inclus les heures de sommeil qui, loin d'être passives, mettent le visiteur en état d'osmose inconsciente mais profonde avec le milieu), une désorientation complète, surprenante de ma part (je me repère d'habitude très vite, avec une grande sûreté), m'entretint dans le malaise de ne jamais comprendre sur quelle rive au juste je me trouvais ni dans quel sens coulait le fleuve. Je l'avais d'ailleurs conçu plus large et plus majestueux, comme le veut le mot estuaire qui lui-même s'évase, s'ouvre par son hiatus intérieur vers l'infini. Sur le caractère portuaire de Nantes, je suis revenu de toutes mes illusions. Autre chose : j'avais situé en hauteur, chacune sur un escarpement abrupt et se faisant face de part et d'autre de la Loire, deux des principales curiosités : le Jardin des Plantes et le Château. Cette façon de voir continue de me paraître excellente, très supérieure à la réalité. Le jardin s'étend en effet platement à côté de la gare et, non loin de lui, sur la même rive, le château, parce qu'on a comblé toute une partie du fleuve, gît en contrebas d'un boulevard qui l'en sépare, comme s'il était au rebut. Le long de cette plate-forme circulent des tramways, mode de transport urbain qui fait honneur aux municipalités qui le choisissent, et confère aux villes qu'il dessert une touche

as of still more famous ports where I hadn't been either, and where I most likely will never go (Valparaiso, Hong Kong, New York, Constantinople), that the effort of finding my way there long seemed superfluous. Nurturing my mental image as I happened to read various books, including those for tourists where you have to make up for what's missing through guesswork, resituate close-ups (too varied in scale and often disappointing or too flattering) in a greater whole of coherent proportions and climates, I'd eventually built a fairly distinct city, in places also inexact enough that the whole elaborate plan looked to me like a recollection. But distinctness and exactitude are somewhat separate notions, so much so that when confronted with the actual pattern I hardly recognized a thing. During this stay of thirty-two surely insufficient hours (in which I'm including the hours of sleep that, far from being passive, put the visitor in a state of unconscious but deep osmosis with the surroundings), an utter sense of disorientation unusual for me (I usually find my way around quickly and reliably) kept me in the uneasy state of never being sure exactly what bank I was on nor in what direction the river flowed. I'd moreover imagined it broader and more majestic, as in the word estuary that itself through its inner hiatus opens up and out toward the infinite. As far as Nantes being a harbor, I've lost all my illusions. Another thing: I'd situated higher up, each one on a steep, abrupt slope and facing the other on either side of the Loire, two of its main curiosities: the Jardin des Plantes and the Château. This way of seeing still strikes me as excellent, quite superior to reality. The garden actually extends uninterestingly out from the train station and, not far off, on the same bank, the castle, because they filled in a whole part of the river, lies below a boulevard that makes it separate, as if it had been discarded. Going past along this platform are tramways, an urban means of transportation that does honor to the towns that choose it, and confers on the cities it serves a

particulière de charme et de confort. Mieux vaudrait pourtant que ceux de Nantes arborent comme autrefois le jaune et le rouge, seules couleurs universellement recommandables pour des tramways. Je ne dis pas que d'autres teintes ne conviennent jamais. Mais c'est une question de ton des plus délicates (un vert épinard peut s'imposer dans certains cas) et que ne résout pas l'adoption systématique d'un gris métallisé frigide qui prive la machine d'un de ses pouvoirs d'émotion.

Comme on l'imagine, j'ai plus d'une fois descendu ou grimpé les marches du fameux passage Pommeraye. Je le voyais plus obscure. Peut-être l'était-il quand André Breton le découvrit. Trop de lumières nuisent à la magie, et celles qui le saturent à présent, qui font étinceler ses ors, ses stucs, ses glaces et ses marbres, le restituent à des origines plus Offenbach ou Meyerbeer que prématurément surréalistes. Comme ses homologues parisiens souvent moins fastueux, il se laisse coloniser par un négoce d'artisanat industriel clinquant et que menace le raz de marée universel de la fringue, avec ses déferlantes soyeuses et versicolores de sous-vêtements féminins. On y cherche les derniers témoins de l'activité spécifique des passages, vouée à une sorte d'éternelle persistance dans le déclin : cannes, pipes, médailles, timbres, bouquins, gravures, dentelles, parfois de tristes "farces et attrapes" ou de vieux bonbons. Puis de ces vitrines à l'abandon où quelques pièces – diplômes évasifs, affiches jaunies, bibelots poussiéreux – évoquent des commerces mal définissables qui ont périclité mais se maintiennent au seuil du coma : mutuelles sans adhérents, agences d'assurances ou de voyages sans clientèle. Ces anachroniques disparaissent et tout un magnétisme se perd. Dans le passage Pommeraye remis à neuf où se bousculent les vagues de la vie, j'ai dû réinventer ce qu'il fut quand (de même que le petit-beurre né du mariage Lefèvre-Utile) une première étincelle surréaliste y jaillit de la rencontre, dans la pénombre, d'un de ses lampadophores

particular touch of charm and comfort. It would be nicer though if the Nantes ones sported as in times past yellow and red, the only universally recommendable tramway colors. I'm not saying other shades are never suited. But this question of tone is particularly subtle (a spinach green can be essential in some cases) and not really resolved by the systematic adoption of a frigid metallic gray that deprives the cars of one of their powers of emotion.

As can be supposed, I went more than once up or down the steps of the famous Pommeraye passage. I pictured it being darker. Perhaps it was when André Breton discovered it. Too many lights harm the magic, and those that saturate it now, that add glitter to its golds, its stuccos, its mirrors and its marble surfaces, restore it to origins more in Offenbach or Meyerbeer than prematurely surrealist. Like its often less sumptuous Parisian counterparts, it lets itself be colonized by a cheap flashy handicrafts company, threatened in turn by the universal garment industry tidal wave with its silky versicolor floods of women's underwear. One looks for the last vestiges of lines of trade specific to passages, doomed to a sort of eternal persistent decline: canes, pipes, medals, stamps, books, engravings, lace, occasionally sad "novelties" or old candy. Likewise the neglected shop windows where a few pieces – evasive diplomas, yellowed posters, dusty trinkets – evoke hard-to-define businesses long ago collapsed but living on at the threshold of coma: mutual insurance companies without members, travel and private insurance agencies without clients. These anachronisms disappear and an entire magnetism vanishes. In the renovated Pommeraye passage where life's waves overlap, I must have reinvented what it was when (as with the *petit-beurre* born of the Lefèvre-Utile union) a first surrealist spark flew from the encounter, in the half-light, of one of its pre-pubescent tall lamp carriers, graceful if a bit colorless, and an old-style corset merchant's model without a head or arms.

impubères, un peu mièvres mais gracieux, et du mannequin sans bras ni tête d'une marchande de corsets.

Je l'avoue : au coruscant décor d'opérette du passage, j'ai préféré la sérénité quasi conventuelle du cours Cambronne entre ses maisons coites où semblent n'habiter que de vieilles demoiselles de roman. On y écoute un brouillard doré froisser à l'aube les feuilles d'octobre ; le soir, de lourds voilages flotter aux fenêtres des façades sans porte. La cathédrale contient le tombeau d'un autre général nantais : Christophe, Louis, Léon Juchault de la Moricière, vainqueur d'Abd El-Kader dans le moment où le passage Pommeraye s'ouvrait. Par la suite commandant en chef de l'armée pontificale, Lamoricière n'a pas que ces titres de gloire à son actif. C'est lui qui mit au point un ingénieux système d'évacuation rapide pour le pantalon des zouaves, que transformait en outre étanche et ralentisseuse de la marche le franchissement à gué des oueds. L'inscription latine du monument ne porte pas mention de cette trouvaille (restée connue sous le nom de "trou Lamoricière") qui soulagea l'effort du combattant. (Où sont les zouaves ? Ils avaient déjà perdu leur pantalon lorsqu'à Nantes, ou presque – à Saint-Nazaire – débarquèrent les premiers contingents de l'armée américaine en 1917, et parmi eux sans doute un caporal pianiste-artilleur qui célébra les échos du printemps, les eaux murmurantes, et rivalisa avec ce général pour le nombre et la magnificence des prénoms).[1]

Mes autres souvenirs de Nantes, bien à regret (car des amitiés les éclairent), j'en écarte une partie à cause d'une limitation que j'enfreindrais avec une nouvelle page. Une autre partie a déjà fui, comme si ma mémoire disposait elle aussi d'une sorte de trou Lamoricière, par où le trop-plein d'impressions s'échapperait aussitôt. Ainsi puis-je allégé courir au-devant des nouvelles, ou me reposer sur la constance de mes fabulations. Pour moi le château de

I confess: to the passage's sparkling operetta decor, I preferred the near-monastic serenity of the cours Cambronne, amid its silent houses where only courteous ageing ladies from novels seem to live. One can hear a gilded dawn mist crease the October leaves; and, in the evening, listen as heavy curtains float at the windows of doorless facades. The cathedral contains the tomb of another Nantes general: Christophe, Louis, Léon Juchault de la Moricière, who conquered Abd El-Kader when the Pommeraye passage was being opened. Subsequently commander in chief of the papal army, Lamoricière has more than these important titles to his credit. He's the one who developed an ingenious rapid evacuation system for the zouaves' pants, which the fording of the wadis used to transform into a watertight goatskin that slowed their pace. The monument's Latin inscription doesn't mention this stroke of genius (still known as a "trou Lamoricière") that eased the soldier's efforts. (Where are the zouaves? They'd already gotten out of those particular pants when, in Nantes, or nearly – in Saint-Nazaire – the first contingents of the American army landed in 1917, and among them most likely a pianist-artilleryman corporal who celebrated the echos of spring, the murmuring waters, and rivaled this general in the number and magnificence of his names). [1]

Part of my other recollections of Nantes I must quite regretfully (since friendships shed light on them) leave aside, because of a limitation I'll confront elsewhere. Another part has already fled, as if my memory too had a sort of Lamoricière hole, from which the surfeit of impressions would straightaway escape. Thus can I more lightly court the new ones, or rely on my fantasizings' constancy. For me François II's castle therefore still stands atop its promontory, facing the Jardin des Plantes where a giant sequoia reigns. Between them, in one direction or in the other, glides this incoming tide that, a bit further off, forgets it's crossed

François II se dresse donc toujours au sommet de son promontoire, face au Jardin des Plantes où règne un séquoia géant. Entre eux, dans un sens ou dans l'autre, glisse ce flot qui, un peu plus loin, oublie qu'il a traversé Roanne, Nevers, Gien, Orléans, Blois, Tours, Saumur, Nantes même et

> *Dans l'océan sans mémoire*
> *Va se perdre corps et biens*
> *Malgré ce doux nom de Loire*
> *Qui dans nos cœurs le retient.*

1. Il s'agit de William Henry Joseph Bonaparte Bertholoff dit Willie "The Lion" Smith (1897-1973).

Roanne, Nevers, Gien, Orléans, Blois, Tours, Saumur, even Nantes
and

> *In the memoryless ocean*
> *Will sink without a trace*
> *Despite the Loire's sweet name*
> *That in our hearts gives it a place.*

1. A reference to William Henry Joseph Bonaparte Bertholoff, a.k.a. Willie "The Lion" Smith (1897-1973).

Une traversée de Paris [1]

A notre époque d'aventuriers de l'*extrême* et de paladins du *défi*, le projet d'une traversée de Paris apparaît dérisoire. A la rigueur, il faudrait l'entreprendre sur échasses et en marche arrière pour être considéré, ou bien en autobus si l'on a le goût de l'échec plus fort que celui de la victoire. Pire, toutefois : on m'a suggéré de traverser Paris en dix mille signes, ce qui relève du sport de très "haute compétition". Ces signes, d'ailleurs, je viens déjà d'en dilapider trois ou quatre centaines à me plaindre de mon sort. Je me représente en effet assez bien ce qu'on imagine : respectueux de ses engagements, l'homme de plume, les mains dans les poches où il a fourré des crayons et un carnet, se rend, de son imitable pas de piéton imité de Fargue, bien entendu, à l'une des portes de la capitale les plus proches de son domicile. (Et c'est pour lui un motif de se féliciter de ne pas vivre dans un des arrondissements centraux que ses moyens lui interdisent, quelque part entre les Arènes de Lutèce et le Panthéon). Donc la porte du Pré-Saint-Gervais, par exemple. Ce trajet-là ne compte pas. N'allons pas perdre, à le décrire, plus de signes qu'il n'en faut pour spécifier qu'on le négligera. Mais qu'irais-je faire une fois de plus à cette porte mal connue et peu pratiquée, alors que tout me retient devant le clavier de ma machine dont les trente touches utilisables (je n'aime pas les chiffres dans un texte, et j'aurai sans doute peu d'occasions d'employer §, &, et %) m'autorisent un nombre calculable mais astronomique de fantaisies ? Je me montrerai pourtant sérieux. J'accomplirai la tâche qui, telle qu'on me l'a prescrite, consiste nécessairement en un exercice littéraire absorbant. Flâner au long des rues m'écarterait de la ligne droite de mon devoir. Sans doute, comme d'autres en rapportent des photographies, j'en reviendrais avec des souvenirs. Il n'y aurait plus qu'à les transcrire, en dix mille signes si faire se

A Paris Crossing [1]

In our era of *extreme* adventurers and paladins always after a *challenge*, a plan to cross Paris seems laughable. You'd almost need to undertake it on stilts and backwards to be held in any esteem, or else by bus for those with a taste more for failure than victory. Still worse though: it was suggested to me I might cross Paris in ten thousand characters, indeed a matter of "top competition" sport. Moreover, I've just squandered three or four hundred characters complaining about my fate. I can indeed picture quite well what they imagine: respectful of his commitments, the man of letters, hands in his pockets where he's stuck pencils and a notebook, goes with his inimitable walker's step mimed, of course, via Fargue, to one of the capital city gates closest to his abode. (And for him it's good grounds to congratulate himself for not living in one of the central arrondissements forbidden him by his modest means, somewhere between the Arènes de Lutèce and the Panthéon). The Pré-Saint-Gervais gate, for example. That route doesn't count. Let's not lose describing it more characters than necessary to specify we won't bother. What would I do yet again anyway at that poorly known, little visited gate, when everything keeps me here in front of my typewriter keyboard whose thirty usable keys (I don't like digits in a text, and I'll probably have few chances to include §, &, and %) allow a calculable but astronomic number of fantasies? I'll prove myself serious yet. I'll accomplish the task which, as prescribed me, necessarily consists in an absorbing literary exercise. To wander along streets would distance me from the straight line of my duty. Most likely, much as others bring back photos, I'd return with remembrances. I'd only need to transcribe them, in ten thousand characters to the extent possible. But my memory is already full (indeed it's because of my fifty Paris crossings that they've asked me for this fifty-first) and, rather than tell

peut. Mais ma mémoire est déjà pleine (c'est bien parce que j'ai traversé cinquante fois Paris qu'on m'a demandé cette cinquante-et-unième) et, plutôt que raconter télégraphiquement les étapes d'un itinéraire authentique, *vécu*, je me propose de noter ce que je ferais si je n'étais pas tenu de l'écrire. Eh bien, je me dirigerais d'abord vers la place du Danube ("Rhin et Danube") et, parce que j'aime souvent les rues à cause de leurs noms, en passant par la rue des Carrières-d'Amérique, la rue de la Solidarité, la rue de la Prévoyance. Je veux revoir la statue de "La Moisson", cette belle et forte jeune fille qui, une gerbe sous un bras, dans l'autre main une faucille dont la lame (je le tiens de source sûre) est en polystyrène, s'élance résolument en direction des galeries Lafayette. Je crois qu'elle n'y parviendra jamais, et c'est sans doute pourquoi elle semble en permanence fâchée. Un temps, j'en fus presque amoureux. Fût-elle descendue de son socle, j'aurais acquis pour nous deux une des petites villas qui, derrière leurs jardinets actuellement bourgeonnants de roses, dégringolent ces passages dont quelques-uns (Rimbaud, Verlaine, Laforgue) ont été, m'affirmait Claude Roy, baptisés par le fils du propriétaire des terrains alors en friche, c'est-à-dire par Paul Éluard. J'aurais pu épouser la Moissonneuse un peu plus bas, selon le rite orthodoxe qui n'a que l'inconvénient d'être très long, dans cette isba de vrai bois qu'est l'église Saint-Serge, rue de Crimée. Plus tard, nous aurions promené nos enfants aux Buttes-Chaumont et, à partir du troisième, il aurait fallu déménager car ces pavillons sont coquets mais exigus. Et puis les Buttes sont fatigantes. Ça monte et ça descend ; on n'ose pas franchir la passerelle qui mène à leur petit temple dédié aux déesses du vertige. Enfin, la Moissonneuse m'a une fois de plus regardé comme si elle avait deviné et réprouvé l'extravagance de mes projets. Maintenant, j'erre en célibataire à travers un quartier doucement morose et compréhensif : rue des Dunes (mais quelles dunes ?), rue de l'Atlas (l'incompréhensible

telegraphically the stages of an authentic, *experienced* itinerary, I propose noting what I'd do if I weren't held to writing it.

Well then, first I'd head toward the place du Danube ("Rhin et Danube") and, since I often like streets on account of their names, by way of the rue des Carrières-d'Amérique, the rue de la Solidarité, the rue de la Prévoyance. I want to see the "La Moisson" statue again, that beautiful strong young girl who, a sheaf under one arm, in the other a sickle whose blade (a reliable source tells me) is made of polystyrene, surges resolutely in the direction of the Galeries Lafayette. I think she'll never get there, and without a doubt that's why she seems permanently angry. At one time she almost had me falling in love. Had she come down from her pedestal, I'd have acquired for the two of us one of the small villas which, behind their small gardens now budding with roses, tumble down the passageways (Rimbaud, Verlaine, Laforgue) named in part, Claude Roy assured me, by the son of the then-owner of the lands lying fallow – Paul Éluard. I could have married the Moissonneuse a bit further down, according to the Orthodox ritual whose only inconvenience is its great length, in that real-wood isba the église Saint-Serge, rue de Crimée. Later, we would have gone for walks with the children at the Buttes-Chaumont and, from the third one on, would have had to move given the charming but cramped houses thereabouts. And anyway the Buttes are tiring. Up, down; one doesn't dare cross the footbridge leading to their small temple dedicated to the goddesses of vertigo. Ultimately the Moissonneuse eyed me once again as if she'd divined and reproved my plans' extravagance. Now it's as a bachelor I wander through a gently gloomy and understanding neighborhood: rue des Dunes (what dunes?), rue de l'Atlas (the incomprehensible fascination storehouses exert on me and the name – so heroic – of the big moving firms), rue Rébeval, rue de l'Équerre and, once past the rue de Belleville, the areas near the rue Ramponneau disconcerted like

fascination qu'exercent sur moi les garde-meubles et le nom – que je trouve héroïque – des grandes entreprises de déménagement), rue Rébeval, rue de l'Équerre et, passé la rue de Belleville, les alentours de la rue Ramponneau décontenancés comme des épouvantails dans un magasin de confection demi-luxe. Mais je sais où je vais. Je grimperai par les allées à tonnelles du Parc de Belleville, et je m'arrêterai sur la terrasse de la rue des Envierges d'où, à l'exception du Sacré-Cœur, on peut contempler dans l'étendue les principaux monuments de Paris. Exactement comme à Montmartre, puisque, lui tournant le dos pour voir la ville, on s'y prive également de la présence du Sacré-Cœur. (Le mieux est d'ailleurs de l'apercevoir comme par surprise, quand il ne s'y attend pas ; c'est son seul point commun avec le rocher du zoo de Vincennes). Pourquoi irais-je plus loin ? Du bord de la butte de Belleville, je peux traverser Paris d'un coup d'œil dans tous les sens. Mais comment et pourquoi choisir ? Comment surtout envisager mieux qu'un survol d'une ville tout amalgamée à elle-même par un effet de perspective presque rasant ? On ne discerne aucune rue, aucune avenue ; on se demande si le moindre cours d'eau serpente au-dessous des toits. Mon regard atteint tout ce qu'il veut entre le sud du Bois de Boulogne et la Défense (au-delà, même : le Mont Valérien, l'Observatoire, la mer, peut-être, par temps très clair). Mais quel corps pourrait s'engager dans cette épaisseur plate d'où surgissent des modèles réduits de l'Arc de Triomphe et de l'Opéra, de Saint-Sulpice et de la Tour Montparnasse, de la Tour Eiffel et du Centre Pompidou ? Toutes les miettes des pâtés de maisons ont été soudées en une seule galette bleuâtre par le zinc et par le plomb. Je me souviens pourtant de Paris comme d'une ville parfois aérée et partout favorable à la circulation au moins pédestre. J'ai dû rêver. Je rêve encore, puisque je descends la rue Piat, la rue de Belleville, puis la rue du Faubourg-du-Temple jusqu'au canal. Je sens bien que l'espace se referme à mesure que j'avance, derrière moi, et rien ne

scarecrows in a semi-luxury dress shop. But I know where I'm going. I'll climb along the bowered alleys of the Parc de Belleville, and I'll stop on the terrace of the rue des Envierges from which, except for the Sacré-Cœur, one can contemplate within the expanse Paris's principal monuments. Exactly as at Montmartre, since, turning one's back to it to see the city, one likewise ends up doing without the Sacré-Cœur's presence. (It's best moreover to notice it as if by surprise, when it's not expecting it; this is the only thing it has in common with the boulder of the zoo de Vincennes). Why would I go any further? From the edge of the Belleville hills, I can cross Paris in a glance in all directions. But how to choose, and why? How especially to envisage anything better than an overview of a city quite united to and enfolded within itself by a nearly flattening perspective effect? There's not a single street or avenue anywhere to be seen; one wonders if the slightest stream of water winds below the roofs. My gaze reaches all it wishes between the southern part of the Bois de Boulogne and la Défense (beyond, even: the Mont Valérien, the Observatoire, perhaps the sea on especially clear days).

But what body could enter into this flat thickness from which spring up small-scale models of the Arc de Triomphe and the Opéra, of Saint-Sulpice and the Tour Montparnasse, of the Tour Eiffel and the Centre Pompidou? The crumbs of blocks of houses have all been fused in a single bluish biscuit by the zinc and lead. I nevertheless remember Paris as a city sometimes airy and everywhere favorable to circulation at least on foot. I must have been dreaming. And still am dreaming, since I'm heading down the rue Piat, the rue de Belleville, then the rue du Faubourg-du-Temple until the canal. I most definitely feel space closing up again as I move forward, behind me, with no guarantee the space opening out in front isn't a delusion. Still the phenomenon recurs with each step, which proves I'm dreaming. To walk is to demonstrate

me garantit que celui qui s'ouvre n'est pas un leurre. Or le phénomène se reproduit à chaque pas, ce qui prouve bien que je rêve. Marcher, c'est démontrer qu'on évite la chute dans le contraire du rêve, qui n'est pas la réalité, mais le sommeil profond où retombent toutes ces façades de pierre dès qu'on s'arrête. Les rues redisparaissent du même coup, adroitement peintes comme un décor. Si l'on redémarre, elles se prêtent. Ne dit-on pas qu'on les "emprunte" ? Il faut les rendre toujours. A qui, on n'en sait rien. Au temps, peut-être, qui marche dans toutes les rues à la fois. Héraclite a posé qu'on marche jamais deux fois dans la même rue, à Éphèse comme à Paris. Ce qui ne signifie pas que toutes les villes se ressemblent. Chacune témoigne à sa façon d'un combat des hommes contre le temps, sous cette forme hypocrite qu'il se donne d'être de l'espace. Immuable en dépit de ses perpétuels changements, il n'y a que le ciel. C'est ce que Paris a de spécifique : ses rues de ciel. Et les rivages de ses rues de ciel que le bord des toits découpe, avec des bassins tortueux où tantôt fument, tantôt ne fument pas, des escadres de ces étranges navires que font les cheminées. Ou bien rien : des canaux tracés à la règle, mais pour une eau rarement stagnante même au plus dur de l'été : la lumière bouge sous la surface, promène des mains d'ombre le long des bâtiments en panne et les fait couler en silence dans la nuit. C'est alors en hiver, quand le jour se noie avant six heures (j'arrive au boulevard de Strasbourg) qu'il faut passer par les passages, puisqu'ils sont faits pour ça, et qu'ils sont des rues de nuit artificiellement éclairées, des tunnels creusés moins à travers les maisons que dans le ciel nocturne de Paris. Et, de la sorte, j'arrive au Palais-Royal, beau bassin de ciel rectangulaire au fond duquel s'alignent comme des gardes-françaises les jeunes tilleuls. Je me rappelle les anciens avec leurs grosses protubérances où frétillaient des rejets. On aurait dit des animaux plutôt que des arbres, et ils sursautaient tous ensemble en lâchant leurs moineaux quand

avoidance of falling into dreams' opposite realm, which isn't reality but the deep sleep into which all these stone facades fall back as soon as you stop. The streets redisappear at the same time, deftly painted like a decor. If you start up again, they go along. Don't we say in French we "borrow" them? We must always give them back. To whom, we've no idea. To time, perhaps, which walks in all streets at once. Heraclitus supposed we never walk twice in the same street, in Ephesus as in Paris. Which doesn't mean all cities are alike. Each one bears witness in its way to a human fight against time, in this hypocritical form time assumes in seeming to be space. Immutable despite its perpetual changes, there is only the sky. It's what's specific to Paris: its streets of sky. And the shores of its streets of sky that the roof edges outline, with winding basins where squadrons of these strange ships the chimneys make by turns smoke, don't smoke. Or else nothing: channels traced with a ruler, but for water that's rarely stagnant even in the roughest part of summer: the light moves under the surface, runs hands of shadow along the broken-down buildings and makes them silently flow in the night. Then it's in winter, when by six the day drowns (I'm approaching the boulevard de Strasbourg) that one must pass through the passages, since that's what they're made for, and since they're artificially lit streets of night, tunnels dug less through the houses than in the Paris evening sky.

And, in this way, I arrive at the Palais-Royal, a handsome basin of rectangular sky within which the young lindens fall into line like French royal guardsmen. I recall the old ones with their huge protuberances where shoots fidgeted. They seemed more like animals than trees, and used to jump all together letting their sparrows go when, at noon sharp, the small cannon would thunder – stolen, neighborhood rumor has it. I miss them (all the more so since lindens are immortal: they grow back inside their dead bark). I didn't expect to go so far; to the midpoint, in sum, carried by the

tonnait, à midi pile, le petit canon – volé, dit-on dans le voisinage. Je les regrette (d'autant que les tilleuls sont immortels : ils repoussent à l'intérieur de leur écorce morte). Je ne pensais pas aller si loin ; au milieu, en somme, porté par le crépitement de mon clavier sonore comme les roulements à billes d'un vieux vélo. La Concorde : pourquoi me priver ? L'eau de ciel de toutes ces rues débouche enfin sur la mer intérieure qui s'étend depuis le ministère de la Marine jusqu'à l'avenue de Suffren. La toponymie obéit parfois à une logique. Il n'y a plus là d'opposition entre le simulacre des rues et la bienveillance des rues de ciel. Le ciel met pied à terre et se promène, nage entre les Invalides et le Champ de Mars. Il est le nageur et l'élément. J'ai le sentiment que le temps recule enfin devant l'espace, qu'il le laisse s'établir, régner, me rendre toutes les années où j'ai flotté moi-même dans ces avenues larges comme des golfes, connaissant bien l'endroit où, entre deux feuilles de platane, on peut prendre au dépourvu un Sacré-Cœur de couvercle d'encrier. Ensuite, c'est le Quinzième, qui n'a aucune réputation. Comme on se trompe ! Je renoncerais aux Arènes pour la place du Commerce, peut-être même pour la rue de l'Église, en face du square Violet et malgré les sirènes des pompiers. Ce serait le moment de faire taire les gens qui vous assomment avec leurs béatitudes de province à Paris ou de Paris en villages. Ce qu'il faut, c'est ce Paris parisien modeste, un peu austère et même un peu distant. Une bouche de métro clandestine, la chaussée plate, le pittoresque invisible, l'artistique et le "culturel" intimidés. Un Paris où l'on se rend au square en fin d'après-midi avec un livre, un seau, une pelle. Évidemment, ma traversée n'est pas achevée. Mais n'est-ce pas toujours un peu affligeant de conclure, de finir ? Devant moi l'avenue Félix-Faure, qui ne triche pas (c'est cela aussi le Quinzième : une probité), et je pourrais continuer jusqu'à la rue Leblanc où j'ai eu des habitudes en quelque sorte mystiques. Mais on l'a violée – à son âge – et mutilée pour installer un hôpital. Qui souhaite finir à

crackling of my resonant keyboard like the ball bearings of an old bicycle. La Concorde: why do without? The many streets' skystream runs finally into the inner sea stretching from the Ministère de la Marine to the avenue de Suffren. Toponymy sometimes follows a certain logic. In this respect there's no longer an opposition between the streets' pretense and the kindness of the streets of sky. The sky touches ground and walks, swims between the Invalides and the Champ de Mars. It's the swimmer and the element. I've the feeling time finally draws back from space, lets it settle, reign, give me back all the years I floated myself in the avenues large as gulfs, knowing well the place where, between two plane tree leaves, one can catch unawares an inkwell-lidded Sacré-Cœur. Next up it's the Fifteenth arrondissement, which has no reputation whatsoever. So mistaken! I'd give up the Arènes for the place du Commerce, perhaps even for the rue de l'Église, across from the square Violet and despite the firemen's sirens. Now that would be the time to silence people who bore you senseless with their beatitudes about the countryside in Paris or a Paris made of villages. What's needed is this modest Parisian Paris, a bit austere and even a bit distant. A clandestine metro entrance, the road flat, the picturesque invisible, all things artistic and "cultural" intimidated. A Paris where people go to the square late in the afternoon with a book, a pail, a shovel.

Obviously, my crossing isn't done. But isn't it always a bit distressing to conclude, to finish? In front of me the avenue Félix-Faure, clearly no cheat (that too is the Fifteenth: an integrity), and I could continue until the rue Leblanc where I've had in a way mystic habits. But the rue Leblanc has been violated – at her age – and mutilated to put in a hospital. Who wishes to finish in a hospital? On the whole, I much prefer to linger near the small Grenelle cemetery, as charming as the one at la Villette from which,

l'hôpital ? A tout prendre, j'aime encore mieux m'attarder près du petit cimetière de Grenelle, aussi charmant que celui de la Villette d'où, pour ainsi dire, j'ai commencé ce parcours pas plus mental que si, revenu chez moi sous la terre, je rêvais de l'avoir accompli.

Mai 2002

---

1. On ne s'adresse pas toujours aux écrivains pour qu'ils écrivent. Pour beaucoup, leur concours n'est flatteur que s'ils se plient à la discipline qu'on attend d'un honnête pigiste. Bien que répondant au sujet proposé et le traitant comme prévu en dix mille signes, ce texte, commandé par un employé d'un magazine de tourisme dit géographique, est resté inédit et, bien sûr, non payé, faute de convenance avec une ligne rédactionnelle en pur acier de la Ruhr. JR

so to speak, I began this journey no more mental than if, returned home under the earth, I dreamed of having accomplished it.

May 2002

1. One doesn't always appeal to writers to get them to write. To many, their help only flatters if they submit to the discipline one expects of a decent freelance journalist. Though corresponding to the suggested topic and treating it according to plan in ten thousand characters, this text, ordered by an employee of a so-called geographic tourism magazine, went unpublished and, of course, unpaid, for lack of affinities with an editorial policy steely as the Ruhr. JR

Petite complainte des villes d'amour

Si je devais me lier
Encore un coup dans ma vie,
Que ce soit à Montpellier
Où chaque fille est jolie.

Il est vrai que j'ai pensé
La même chose à Toulouse,
Mais rien dans cet énoncé
N'a de quoi rendre jalouse

L'une ou l'autre ni Paris
Où je traîne dans la rue
Le célibat des maris
A la portion congrue :

Brune ou blonde la beauté
N'a pas d'unique patrie,
Mais un temps – il est compté,
Et voici la pénurie.

Trop d'oiseaux pour l'oiselier
Sans appâts – mille à Toulouse
Et pour mieux l'humilier
A Montpellier mille et douze.

Je me répète : à quoi bon
Vouloir que tout recommence ?
C'est affligeant, un barbon
Obsédé par la romance.

Brief Love-Cities Lament

Should I once more in life
Find ways to be lovingly friendly,
May it be in Montpellier
Where every girl is pretty.

It's true indeed I thought
The same thing in Toulouse,
But nothing in doing so ought
To make the two jealous,

One or the other or Paris
Where I drag through streets
The celibacy of the married
In small-portioned parts:

Brunette or blond, beauty
Has no unique country,
But a time – counted,
And the well runs dry.

Too many birds for the baitless
Birdseller – a thousand in Toulouse,
And what still more humiliates,
In Montpellier a thousand and two.

I repeat: what's the use
Of wanting it all to start again?
How pathetic the obsessed
Elder, avid for ballad refrains.

Non, pas un mot, un regard,
Un soupir qui te trahisse.
L'effort te rendrait hagard –
Les encore ? des oh hisse.

Alors laisse aller ces corps
Qui cherchent la flamme, épouse
Ta solitude, et puis mords
L'oreiller de tes remords,

A Montpellier, à Toulouse.

No, not a look, a word,
A sigh to give you away.
The effort would make you wild –
What, more? oh's hoist high.

So let these bodies alight
By the flame they seek; fuse
With your solitude, bite
The pillow of your spite,

In Montpellier, in Toulouse.

Jacques Réda (b. 1929) is the author of more than forty books, including works of poetry, autobiographical prose, short novels, and essays on topics ranging from jazz to city life to literature. A cultural icon and eminent literary figure in mainland Europe, he is the recipient of numerous honors, including the *Prix Valery Larbaud* (1983), the *Grand Prix de l'Académie Française* (1993) and the *Prix Louis Mandin* (2005), all three awarded in recognition of his lifetime's achievements.

Aaron Prevots is Assistant Professor of French at Southwestern University in Georgetown, Texas. He specializes in 19th-21st century French poetry and has published articles on influential writers such as Rimbaud, Jacques Réda, Philippe Jaccottet and Yves Bonnefoy. His translations include *Return to Calm* and *Thirteen Songs of Dark Love*, both originally by Réda, as well as selections that have appeared in *The Dirty Goat*. He is also involved with music and pedagogy through his educational project "French through Songs and Singing."